W0201936

Cet ouvrage est l'adaptation française de
Reptiles
Copyright © 2008 Weldon Owen Pty Ltd

Président-directeur général groupe John Owen
Directeur général Sheena Coupe
Directeur de création Sue Burk
Développement John Bull, The Book Design Company
Coordination éditoriale Lisa Conway, Mike Crowton
Directeur artistique Trucy Henderson
Vice-Président, Ventes Internationales Stuart Laurence
Vice-Président, Ventes et développement Amy Kaneko
Vice-Président, Ventes Asie et Amérique latine Dawn Low
Administrateur, Ventes internationales Kristine Ravn

Responsable de projet Barbara Sheppard
Designers Abi Cherokee
Illustrateurs The Art Agency (Barry Croucher, Garry Hanna, Terry Pastor, Mick Posen, Peter Scott), Christer Eriksson

Tous droits réservés. Aucune partie de cette publication ne peut être reproduite, conservée ou transmise sous quelque forme que ce soit ou par aucun moyen que ce soit, électronique, mécanique, photocopie, enregistrement ou autres, sans la permission du détenteur des droits de l'éditeur.

Édition française
© Larousse 2009 pour la première édition
© Larousse 2020 pour la présente édition
Direction de publication : Sophie Chanourdie
Traduction : Véronique Emmanuèle Dreyfus
ISBN : 978-2-03-597960-5
324726-01/11042588 - octobre 2019
Dépôt légal : septembre 2009

Imprimé en Chine par Toppan Leefung Printing Ltd

À la loupe

Les Reptiles

Mark Hutchinson

LAROUSSE

Sommaire

Panorama

Reptiles du passé et du présent

Les caractéristiques communes

Zoom sur

Panorama

Qu'est-ce qu'un reptile ?

Un reptile est un animal doté d'un squelette interne, qui respire de l'air et dont la peau est couverte d'écailles. D'autres animaux possèdent un squelette interne et respirent de l'air, mais leur peau est différente : les mammifères sont couverts de fourrure ou de poils, les oiseaux de plumes et les amphibiens ont la peau lisse et généralement visqueuse. L'énergie des reptiles dépend de la chaleur du Soleil. Ce groupe a été le premier à pondre des œufs avec une coquille imperméable qui protège l'embryon de la déshydratation. Les reptiles vivent dans des environnements variés, des mers tropicales aux mares d'eau douce, des déserts et montagnes au cercle arctique.

Un bond puissant
Pour attaquer une proie, le crocodile de Cuba est capable de s'élancer hors de l'eau à la verticale, à l'aide de sa puissante queue. Les crocodiles sont les reptiles les plus gros et les plus dangereux du monde.

RAMIFICATIONS DIVERSES

Crête dorsale
Le tuatara, qui doit son nom à la crête épineuse de son dos, a peu changé depuis 240 Ma. Bien qu'il ressemble au lézard, c'est le survivant d'un autre groupe de reptiles dont la plupart ont disparu. Seules deux des espèces sont encore présentes en Nouvelle-Zélande.

Habitants des tunnels
Les 140 espèces d'amphisbènes, les lézards-vers, passent le plus clair de leur temps sous terre. Sur les quatre familles, trois sont apodes et creusent des tunnels avec la tête. Seuls les lézards-vers mexicains se servent de leurs pattes avant griffues.

Galerie de reptiles

Il existe aujourd'hui plus de 8 800 espèces de reptiles, mais chaque année on en découvre de nouvelles. De l'arbre généalogique des reptiles, il ne reste que 4 branches principales : les crocodiles, alligators et gavials ; les lézards et serpents ; les tortues aquatiques et terrestres ; les tuataras, semblables à des lézards.

Sveltes serpents
Les espèces arboricoles, comme ce boa d'Amazonie, s'enroulent autour d'une branche avec la queue, libérant l'avant du corps pour capturer des proies.

Dissuasion
Les lézards utilisent des tactiques de défense pour ne pas se faire dévorer. L'agame barbu ouvre la gueule et gonfle le cou pour apparaître plus gros.

Carapace à demeure
Les tortues sont les seuls reptiles à carapace osseuse. Les espèces aquatiques, comme la trachémyde du Rio Grande, ont les pattes palmées et griffues.

Le règne des reptiles

Descendants d'amphibiens primitifs, les reptiles, apparus il y a environ 315 millions d'années (Ma), sont les premiers vertébrés à passer de la vie aquatique à la vie terrestre. Grâce à leur œuf à la coquille imperméable, les reptiles, parmi lesquels les dinosaures, ont dominé la terre, le ciel et les mers entre 250 et 65 millions d'années. Puis quasiment tous, dinosaures, ptérosaures volants, plésiosaures et ichtyosaures des mers, disparurent, victimes d'un événement catastrophique survenu il y a 65 millions d'années. Certains groupes, ayant survécu à l'extinction massive, sont à l'origine des reptiles actuels, différenciés en des milliers d'espèces.

Le premier oiseau Archaeopteryx *représente le lien originel entre les dinosaures et les oiseaux. Mais cet animal à plumes ne volait cependant pas très bien et vivait surtout à terre. Légèrement plus grand qu'un pigeon actuel, il avait une longue queue osseuse.*

Animal grégaire *Dinosaure rapide à carrure légère,* Hypsilophodon *se déplaçait en troupeau pour la protection. Cet herbivore était un animal terrestre, long de 2 m.*

Os des ailes *Ce reptile était le premier vertébré volant. La peau de ses ailes de chauve-souris était tendue sur l'os prolongé de son quatrième doigt.*

PRÉSENTATION DES ANCÊTRES

Les fossiles offrent une précieuse source d'informations sur les origines des reptiles actuels. Les scientifiques étudient ces restes, les comparant aux espèces vivantes. Ces travaux leur ont permis de déterminer que de nombreuses espèces semblables à des lézards, comme *Hylonomus*, étaient issues des amphibiens.

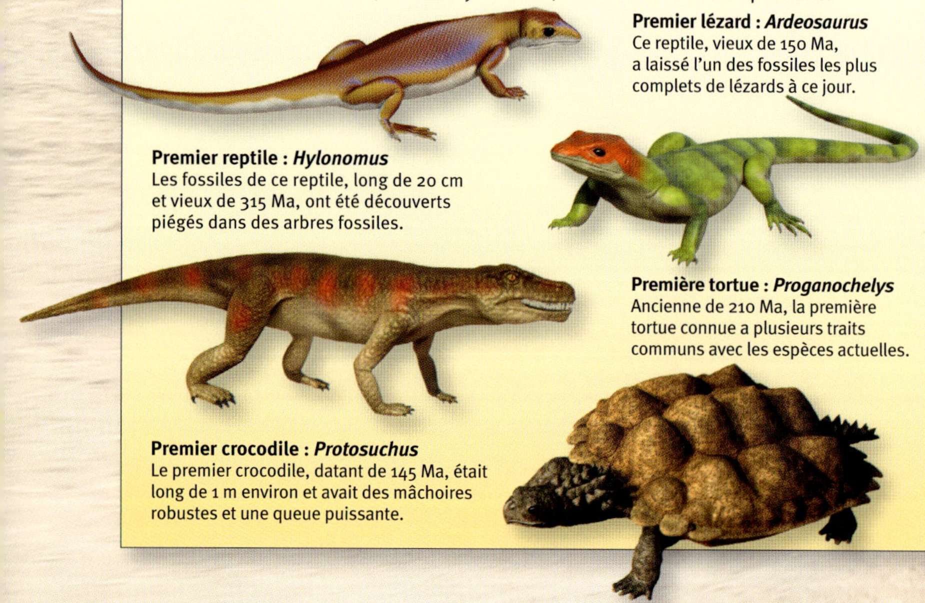

Premier lézard : *Ardeosaurus*
Ce reptile, vieux de 150 Ma, a laissé l'un des fossiles les plus complets de lézards à ce jour.

Premier reptile : *Hylonomus*
Les fossiles de ce reptile, long de 20 cm et vieux de 315 Ma, ont été découverts piégés dans des arbres fossiles.

Première tortue : *Proganochelys*
Ancienne de 210 Ma, la première tortue connue a plusieurs traits communs avec les espèces actuelles.

Premier crocodile : *Protosuchus*
Le premier crocodile, datant de 145 Ma, était long de 1 m environ et avait des mâchoires robustes et une queue puissante.

Zizanie au paradis

Sur une plage d'Europe à la fin du jurassique, il y a environ 150 millions d'années, des dinosaures et d'autres reptiles se battent pour leur survie. Les lézards primitifs se nourrissaient d'insectes ; dans les airs et les mers, les reptiles s'attaquaient aux petites espèces terrestres et marines ; les féroces prédateurs, comme *Eustreptospondylus*, chassaient d'autres dinosaures.

Courage fuyons *Les rapides lézards, tel* Eichstaettisaurus, *détalaient facilement devant leurs prédateurs.*

Dans la mer *Les océans tropicaux, riches en poissons, étaient peuplés de gigantesques reptiles marins. Les ichtyosaures, aux allures de dauphin (ci-dessous) et les plésiosaures à long cou (à gauche), partageaient un même ancêtre.*

Voilier velu *Comme tous les ptérosaures,* Pterodactylus grandis *chassait les poissons et de petits animaux. Le corps couvert de poils fins, il avait une envergure de 2 m.*

Les dents de la mort *Avec des dents tranchantes comme des lames et de puissantes pattes arrière,* Eustreptospondylus *était un prédateur majeur, long de 7 m. C'était l'ancêtre du carnivore* Tyrannosaurus rex.

De puissants prédateurs

Les crocodiliens

Il existe 23 espèces de crocodiliens : 2 alligators, 6 caïmans, 2 gavials et 13 crocodiles. Tous vivent dans les eaux chaudes de la planète, à l'exception de l'alligator chinois, espèce menacée de disparition, capable de survivre aux hivers froids dans les eaux partiellement gelées. Le crocodile marin, le plus grand de tous, atteint les 6 m de long, le plus petit, le caïman nain de Cuvier, mesure à peine un quart de cette taille. Chasseurs furtifs qui se nourrissent d'insectes, de grenouilles, de poissons, de tortues et d'oiseaux, les crocodiliens ne s'aventurent jamais loin de l'eau. Les plus grands chassent même des mammifères volumineux comme des vaches et des zèbres.

FORMES ET TAILLES

Chez les vrais crocodiles, la tête est large et les dents visibles, y compris mâchoires fermées. Chez les caïmans et les alligators, les dents du haut sont visibles la mâchoire fermée. Le museau effilé des gavials est adapté à leur alimentation (poissons).

Crocodile du Nil
5 m

Gavial
5 m

Alligator américain
4 m

Caïman à lunettes
2 m

De bruit et de fureur

La vie sociale des crocodiliens est parfois bruyante. Le mâle émet des sons et s'agite pour attirer les femelles et écarter les rivaux. Certaines espèces rugissent, soufflent par leurs narines ou bien frappent l'eau de leur tête. Pour communiquer, les alligators américains émettent des grondements qui produisent des giclées d'eau bouillonnante.

Longue distance *La femelle est attirée par les vibrations du mâle, dont les remous sous-marins sont perceptibles à 1,6 km de distance.*

Bouillonnement *Le profond grondement de l'alligator mâle américain produit de puissantes vibrations qui projettent des bulles jusqu'à 6 m au-dessus de la surface de l'eau.*

Prédateurs discrets

Les crocodiliens glissent discrètement dans l'eau, puis se jettent par surprise sur leur proie. Seul le sommet du crâne, porteur des principaux organes sensoriels, les yeux et les oreilles, dépasse de la surface afin de repérer les proies.

Yeux phosphorescents
Au fond de l'œil des crocodiliens, une membrane réfléchit la lumière. Ses cellules photosensibles dotent l'animal d'une excellente vision nocturne.

Larmes de crocodile
Les paupières supérieure et inférieure protègent les yeux de la lumière. Une troisième paupière lubrifie leur surface.

Vol plané du lézard

Forts de plus de 5 000 espèces, les lézards représentent près des deux tiers des reptiles. Ils appartiennent au groupe des squamates, « ceux à écailles », comme les serpents. Ils englobent les geckos, les scinques, les anoles, les amphisbènes semblables à des vers, les caméléons, les iguanes, ainsi que de plus gros prédateurs, varans vénéneux et monstres de Gila. Ils se nourrissent essentiellement d'insectes, parfois de plantes, mais les grandes espèces chassent des reptiles, de petits mammifères et des oiseaux. Le plus grand, le varan de Komodo, est capable de tuer et de manger un buffle. Les lézards sont présents partout, excepté en Antarctique. Certaines espèces sont très colorées, d'autres sont ternes et bien camouflées. Toutes ont des écailles les protégeant de la déshydratation. Quelques-unes hibernent dans des terriers sous la neige. D'autres vivent en permanence sous terre.

DES PATTES SPÉCIALISÉES

Elles sont adaptées à leur mode de déplacement. Les coursiers ont de longs orteils, les grimpeurs des griffes acérées, parfois des coussinets comme du Velcro. D'autres ont les pattes palmées ou munies d'écailles pour la marche sur le sable ou la nage.

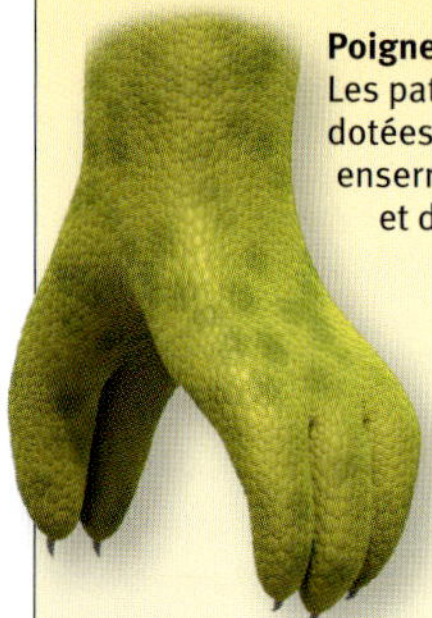

Poigne d'enfer
Les pattes du caméléon, dotées de deux « pouces », enserrent à la façon du pouce et des doigts humains.

Prise solide
Avec ses pattes pourvues de lamelles qui adhèrent à quasiment toutes les surfaces, le gecko se déplace sur les plafonds.

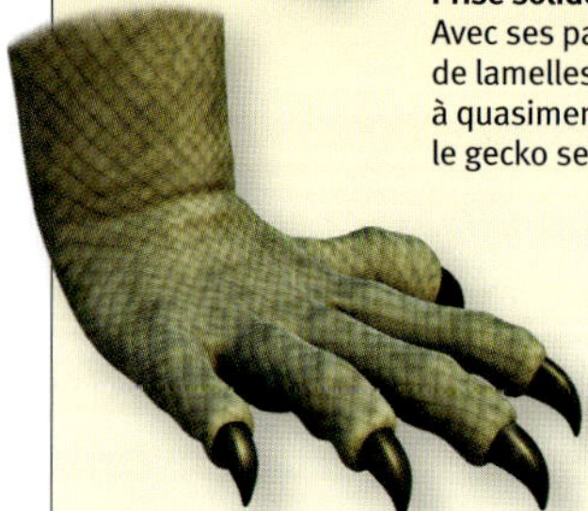

Puissantes griffes
Elles terminent les pattes musclées des varans et leur permettent d'attaquer des proies et de creuser le sol dur.

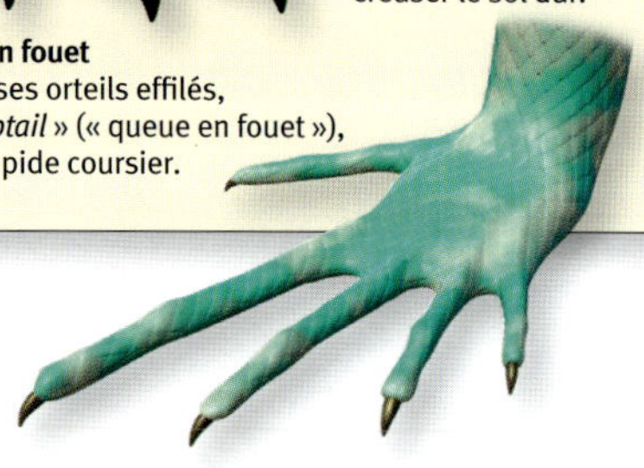

Queue en fouet
Grâce à ses orteils effilés, le « *whiptail* » (« queue en fouet »), est un rapide coursier.

Planer dans les airs

Draco volans est une sorte de lézard « volant » doté de fines membranes tendues semblables à des ailes de deltaplane. Pour échapper aux prédateurs ou pour se déplacer d'arbre en arbre, l'animal s'élance d'une haute branche, ailes étalées, et plane 50 m. Il est capable de changer de direction en l'air et même de faire demi-tour.

Armature Les ailes sont tendues sur six paires de côtes prolongées. Au repos elles sont repliées contre le corps. L'animal possède deux membranes de peau de part et d'autre du cou qui favorisent le vol et une troisième sous le cou.

L'équilibre *Sa longue queue permet au lézard de s'équilibrer en vol. Grâce à des mouvements précis de la queue et des ailes, il contrôle sa vitesse et sa direction, comme le permet le gouvernail d'un bateau.*

L'atterrissage *Lorsqu'il se pose sur un arbre, le lézard volant s'agrippe fermement à l'écorce avec ses griffes acérées qui lui permettent également de grimper le long du tronc.*

Diversité de lézards

Il existe de gros lézards comme le dragon de Komodo, pesant plus de 55 kg, et de minuscules espèces comme le caméléon pygmée dont la taille ne dépasse pas celle d'un doigt humain.

Serpents féroces

Le long corps apode (dépourvu de membres) des serpents, leurs crochets capables de transpercer et leur venin parfois mortel composent un ensemble efficace pour ces tueurs furtifs. Parmi les 3 000 espèces, beaucoup sont vénéneuses, mais moins de 100 peuvent tuer un être humain. Grâce à leurs mâchoires spécialisées, les serpents peuvent avaler des proies plus larges que leur tête. Ils sont de tailles très variables, minuscules ou mesurant 10 m comme le python réticulé. Présents dans toutes les régions, sauf dans les plus froides et en altitude, les serpents sont plus adaptés à la chaleur des tropiques. Certains se sont spécialisés dans une vie exclusivement marine.

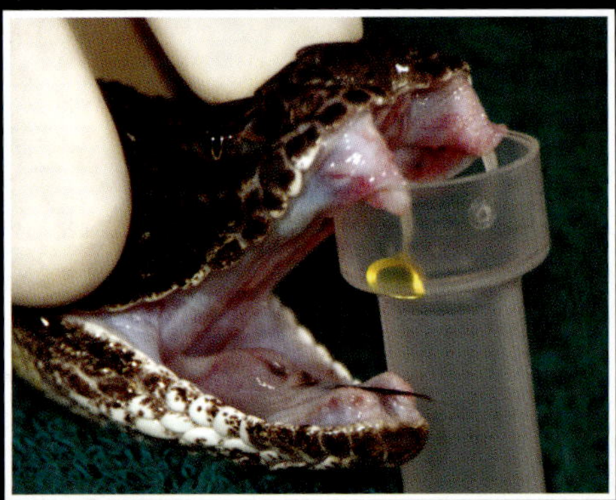

Antidote
Les scientifiques extraient le venin des serpents pour préparer un antidote destiné à neutraliser les toxines d'une morsure potentiellement mortelle d'un serpent.

DIFFÉRENTES MORPHOLOGIES

Le corps des serpents est longiligne, mais leurs formes et proportions, sont très diverses.

Puissante étreinte
Les pythons broient leur proie dans une étreinte de leur corps musclé.

Nageur puissant
Les serpents de mer se propulsent dans l'eau à l'aide de leur queue aplatie.

Espèce commune
Les fines couleuvres se glissent aisément dans des espaces très étroits.

Expert en embuscades
Le corps de la vipère absorbe le choc de sa frappe très rapide.

Grimpeur agile
Le ventre plat des serpents arboricoles les aide à progresser dans les branches.

Mince et fluide
Lisses et fins, les serpents aveugles se déplacent sous terre.

Radiographie d'un serpent

Cette radiographie révèle le squelette qui protège les organes de la vipère rhinocéros. La colonne vertébrale des serpents est généralement composée de 150 à 250 vertèbres, jusqu'à 500 chez les plus longs. Les organes, dont les poumons, le foie et les reins, semblables à ceux des humains, sont plus allongés et étroits.

Fine queue *Dépourvue de côtes, la queue du serpent est très souple et cependant puissante. Les espèces arboricoles s'en servent pour s'accrocher aux branches.*

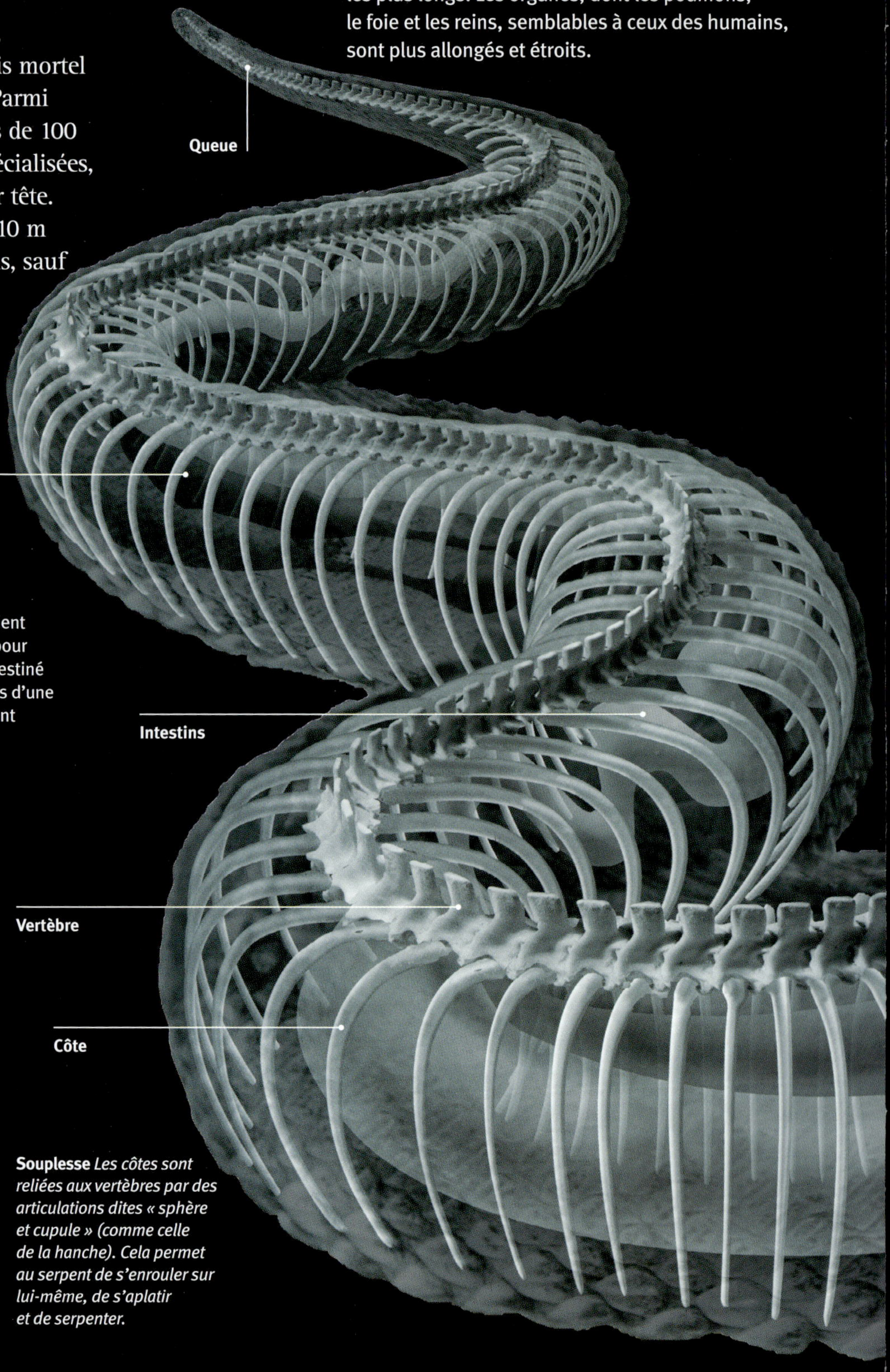

Souplesse *Les côtes sont reliées aux vertèbres par des articulations dites « sphère et cupule » (comme celle de la hanche). Cela permet au serpent de s'enrouler sur lui-même, de s'aplatir et de serpenter.*

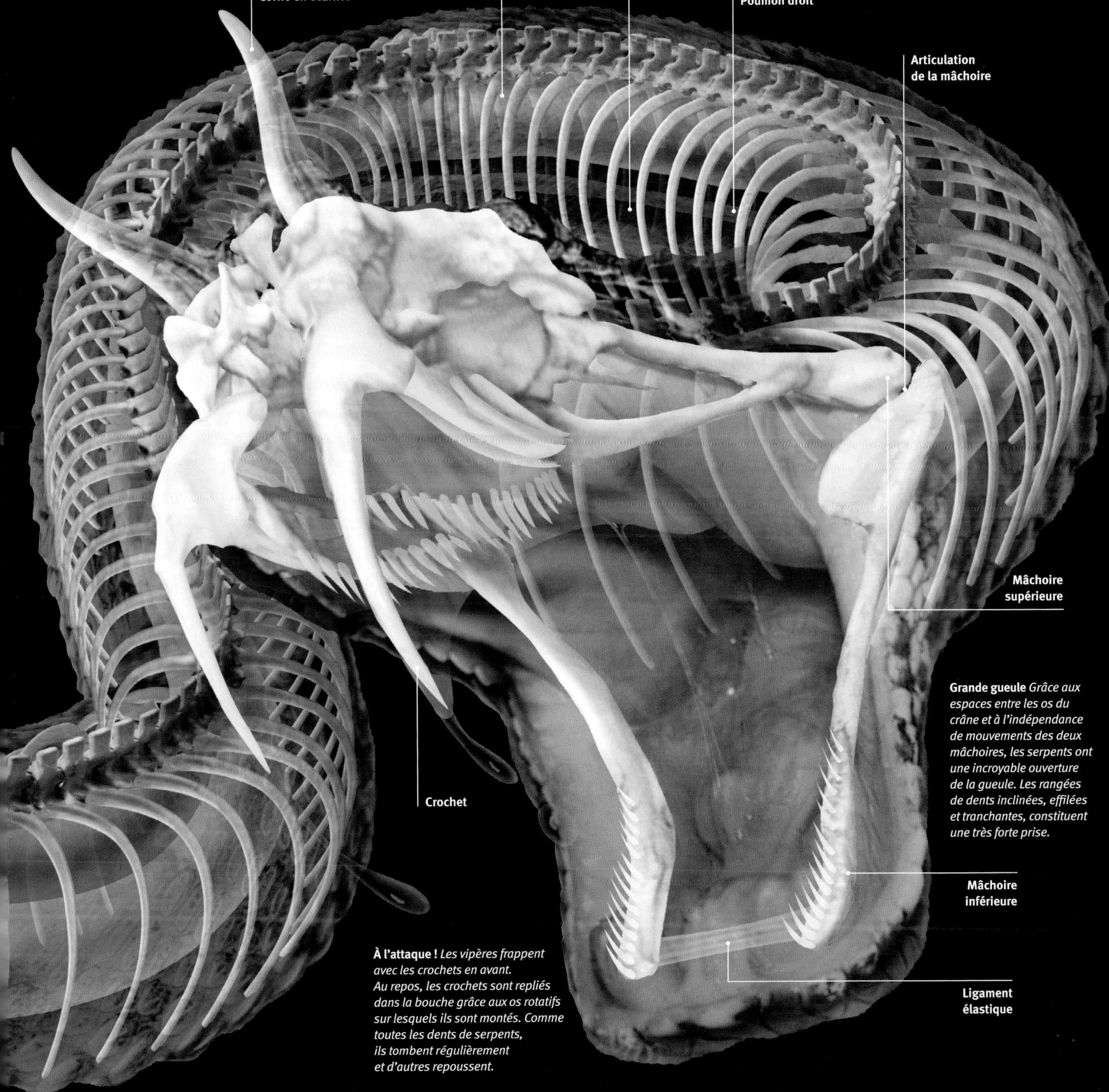

Grande gueule *Grâce aux espaces entre les os du crâne et à l'indépendance de mouvements des deux mâchoires, les serpents ont une incroyable ouverture de la gueule. Les rangées de dents inclinées, effilées et tranchantes, constituent une très forte prise.*

À l'attaque ! *Les vipères frappent avec les crochets en avant. Au repos, les crochets sont repliés dans la bouche grâce aux os rotatifs sur lesquels ils sont montés. Comme toutes les dents de serpents, ils tombent régulièrement et d'autres repoussent.*

Tortues aquatiques et terrestres

Avec leur carapace osseuse et leur squelette solidarisé, les tortues, reptiles les plus anciens, ont très peu évolué depuis 280 millions d'années. Elles sont réparties en deux groupes selon la façon dont elles rentrent la tête dans la carapace. Les unes replient le cou vers le haut et semblent rentrer la tête tout droit, tandis que d'autres le rangent sur le côté, mettant la tête à l'abri du rebord de la dossière. 310 espèces de tortues environ vivent dans toutes sortes d'habitats excepté les régions polaires et de haute montagne. La plupart des espèces aquatiques sont des animaux d'eau douce, dotés de pattes palmées et d'une fine carapace. Les espèces terrestres, au nombre de 50, sont adaptées à la sécheresse et même au désert. Quant aux tortues de mer, 7 espèces viennent pondre sur terre.

Cou enroulé
Le cou de certaines espèces d'eau douce, comme la tortue à cou de serpent australienne, est aussi long que leur corps. Elles ne vivent que dans l'hémisphère Sud.

Patient assaillant

La tortue serpentine du sud-est des États-Unis, connue pour sa morsure vive et cruelle, est un prédateur féroce. D'une longueur record de 0,6 m, c'est la plus lourde des espèces d'eau douce. À l'affût sous l'eau, elle attend sa proie, serpent, poisson ou oiseau, puis s'élance rapidement pour la surprendre et la tuer avec ses puissantes mâchoires.

MOBILE HOME

Le seul moyen de défense des tortues terrestres est bien souvent leur carapace, généralement épaisse et lourde. Chez de nombreuses espèces aquatiques, elle est profilée pour la vitesse.

Hermétique
La tortue boîte se rétracte complètement dans sa carapace grâce à son plastron articulé.

Habitants des eaux
La carapace fine et profilée de la plupart des tortues d'eau, les trachémydes par exemple, est adaptée à la nage.

Tortue à nez de cochon
C'est la seule tortue d'eau douce dotée de nageoires et d'une carapace recouverte de cuir.

Construction légère
La carapace légère des tortues de mer n'est pas assez large pour dissimuler les pattes et la tête.

Protection encombrante
Cette carapace en dôme est très protectrice, mais son poids ralentit la tortue et la rend maladroite.

Camouflage *Les algues qui recouvrent sa carapace cuirassée et sa peau sombre permettent à la tortue alligator de se dissimuler au fond des étangs, où elle peut rester immergée plus d'une heure.*

Bord tranchant *Les tortues n'ont pas de dents, mais des mâchoires tranchantes en corne pour découper la nourriture et parfois un bec pointu qui permet de percer. Leurs mâchoires ne cessent de pousser, comme des ongles, et ne s'usent pas.*

La pêche aux vers *Ces géants d'eau douce attendent que les proies viennent à eux. Ils attirent les poissons et autres victimes innocentes en remuant la langue, véritable leurre qui ressemble à un ver.*

Griffes *Grâce à ses puissantes griffes, la tortue alligator s'agrippe aux berges boueuses. Pour pondre ses œufs, la femelle creuse un nid dans un sol sec. Avec ses pattes palmées, cet animal pataud nage avec aisance.*

Réguler sa température

Les reptiles sont des animaux dits « à sang froid », mais leur température corporelle est souvent semblable à celle des mammifères et des oiseaux. Au lieu de générer leur propre chaleur comme le font les autres animaux, les reptiles se la procurent grâce au Soleil et à leur environnement. Pour l'augmenter, ils s'exposent au Soleil, et pour l'abaisser, ils s'en éloignent. Durant l'hiver et par temps froid, leur température descend, parfois même près du degré zéro. La glande pinéale, thermostat interne situé dans le cerveau, régule leur température.

Énergie solaire

La plupart des reptiles augmentent leur température corporelle à la chaleur directe du Soleil. Pour les petites espèces cela prend quelques minutes, davantage pour les plus grandes. En sortant de son repaire, l'agame à tête rouge se pose sur des pierres chauffées au Soleil. Au fil de la journée, il change de couleur, passant d'un brun terne au rouge et bleu vifs. Pour éviter d'avoir trop chaud, il se déplace vers des endroits ombreux.

TORTUE À SANG CHAUD

À la différence de la plupart des reptiles, la tortue luth génère sa propre chaleur. Lorsqu'elle nage, les mouvements de ses muscles puissants produisent de la chaleur conservée par sa couche de graisse isolante. L'animal survit ainsi dans des eaux trop froides pour d'autres reptiles marins.

Fin de matinée Une fois réchauffé, notre dynamique agame part à la chasse pour se nourrir. Les couleurs vives de ses écailles dissuadent d'éventuels prédateurs.

Mâchoires ouvertes
L'humidité qui s'échappe de la gueule ouverte d'un caïman noir rafraîchit le sang circulant dans sa grosse langue.

Jeu de pattes
Pour éviter de se brûler sur le sable du désert, le lézard épineux lève alternativement ses pattes par deux, une de devant et l'opposée de derrière.

Après midi Pendant les heures les plus chaudes l'agame se réfugie à l'ombre. Ses couleurs vives commencent à pâlir. Encore vif, il continue à surveiller son territoire et à veiller au danger.

Écailles et carapaces

Se protéger

Sèche et rugueuse, la peau des reptiles est composée d'une épaisse couche de kératine. Chez les serpents et les lézards, il s'agit d'écailles. Chez les crocodiliens et certains lézards, l'épaisse peau externe est renforcée par des plaques osseuses, les ostéodermes. Quant aux tortues aquatiques, la structure osseuse de leur carapace est couverte de plaques en kératine rigide. Les reptiles perdent de temps à autre leur peau externe. Chez certaines espèces, crocodiliens ou tortues d'eau par exemple, elle s'écaille continuellement, plaque après plaque. D'autres reptiles muent, comme les lézards et les serpents : la peau s'en va progressivement ou d'un seul tenant telle une réplique de l'animal.

La mue

Pour se débarrasser de son ancienne peau, le serpent des blés se frotte la tête contre une surface rugueuse, herbe sèche, pierres ou écorce. La peau se détache, glissant à l'envers, en un seul morceau, grâce à une substance huileuse présente entre l'ancienne peau et la nouvelle.

Terne *Avant la mue, la peau externe usée est terne et commence à se détacher du corps. La nouvelle peau est plus vive que l'ancienne.*

Dessous *Les serpents ont de grandes écailles ventrales superposées. Semblables aux sculptures d'un pneu, elles accrochent le sol à mesure que l'animal avance.*

LES DESSOUS

L'épiderme, producteur de kératine dure, regroupe les cellules de la couche externe de la peau. Le derme, abrite les cellules de pigmentation, les nerfs et les vaisseaux sanguins.

Écailles de tortue
La peau de la tête et des membres des tortues d'eau est renforcée par un cuir comparable aux écailles.

Écailles de varan
Certains lézards, comme le varan, ont de petites écailles épaisses alignées côte à côte.

Écailles de python
L'élasticité de la peau entre les écailles superposées assure une protection souple.

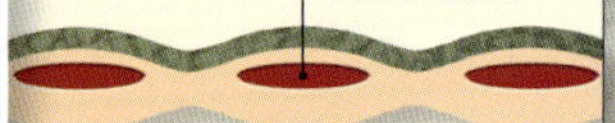

Écailles de crocodile
Les ostéodermes, proéminences osseuses du derme des crocodiliens, forment une véritable armure.

Anatomie de la carapace

Composée de plaques osseuses soudées dans le derme et couvertes de grandes écailles cornées, la carapace des tortues est divisée en deux parties : la dossière dorsale et le plastron ventral. La colonne vertébrale et les côtes sont raccordées à la carapace.

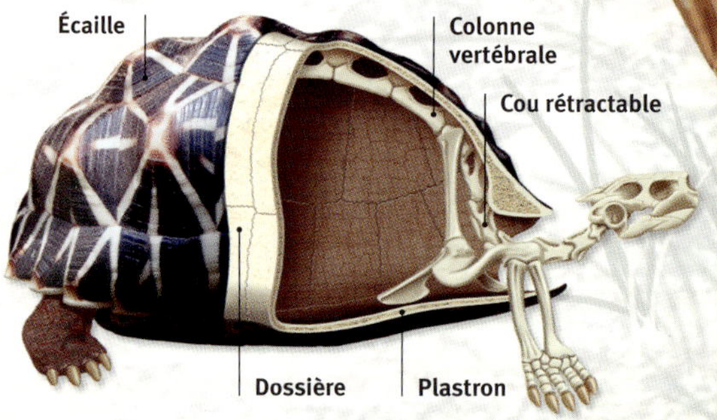

Protection de l'œil *L'écaille transparente et « soudée », la lunette, qui protège l'œil des serpents est régénérée avec le reste de la peau. La vision de l'animal est trouble pendant une semaine avant la mue.*
Incolore *Les serpents perdent leur peau extérieure en un morceau, en commençant par les lèvres. La mue est incolore car les cellules de pigmentation sont situées dans une couche plus profonde.*

Sortir de l'œuf

Débuter dans la vie

Les œufs de presque tous les reptiles ont une coquille soit friable comme celle des oiseaux soit souple. Les mères pondent généralement leurs œufs dans un trou qu'elles creusent ou dans un endroit abrité. Certaines espèces bâtissent un nid de feuilles ou de végétaux empilés, puis surveillent leurs œufs. Ceux-ci incubent dans la chaleur du nid et, parfois, la température détermine le sexe des petits. Chez de nombreuses espèces de lézards et de serpents, les serpenteaux se développent dans le corps de la mère. Une espèce de serpent et quelques rares lézards ne connaissant pas les mâles, les petits sont des clones de la mère.

Amour maternel

Les crocodiles ont beau être des prédateurs mortels, ils comptent néanmoins les mères les plus dévouées parmi les reptiles. Ce crocodile de mer femelle, espèce la plus grande et la plus dangereuse de cette famille, transporte délicatement dans sa gueule ses petits, du nid vers un étang protégé. Elle veille sur lui pendant 6 mois au moins.

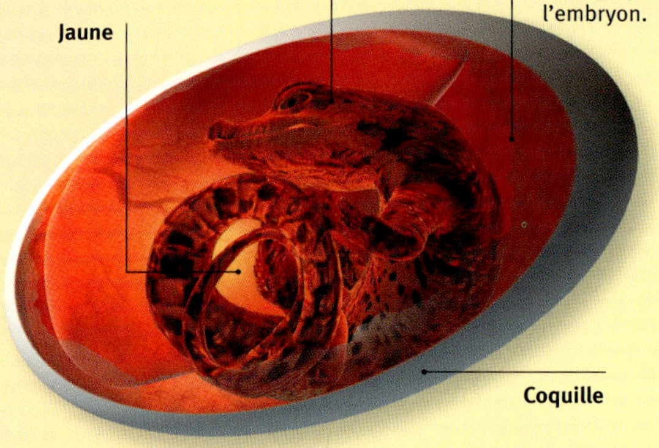

L'œuf
L'incubation de l'embryon du crocodile dure près de 100 jours. Chaque partie de l'œuf contribue à la survie du petit à naître. Le jaune est une poche alimentaire, d'autres éléments servent aux déchets ou bien véhiculent l'oxygène.

Langage de bébé *Alors qu'il est encore dans l'œuf, le petit appelle sa mère avec des cris stridents. Elle réagit en nettoyant le nid pour l'accueillir bientôt.*

Dent d'éclosion provisoire
À la naissance, les reptiles sont armés d'une pointe, sur le museau, destinée à briser la coquille. Cette dent d'éclosion, provisoire, tombe au bout de quelques jours.

TROUVER SON PARTENAIRE

Les femelles reptiles choisissent le meilleur mâle afin de s'assurer une progéniture en bonne santé. Pour attirer les femelles et éliminer les concurrents, les mâles disposent de toute une gamme de moyens de communication, dont leurs couleurs vives.

Sportif
Le mâle de ce lézard du genre *Crotaphytus* exécute de remarquables mouvements athlétiques, se dressant et se baissant pour avoir l'air plus gros et plus menaçant.

Caresses
Le mâle de cette tortue d'eau douce américaine caresse le museau de la femelle avec ses longues griffes pour lui prouver sa forme physique.

Gueule délicate
En appuyant délicatement la coquille contre son palais, la mère crocodile aide son petit à sortir de l'œuf.

Tactiques de défense

La survie

Les reptiles sont généralement petits et vulnérables. Ils compensent grâce à diverses stratégies de défense. Beaucoup utilisent le camouflage pour se fondre dans leur environnement. Ils se déplacent rapidement et s'éloignent rarement d'un abri. Découverts, ils bluffent afin d'impressionner leur agresseur. Ils se gonflent d'air pour avoir l'air plus gros, émettent des bruits, menacent de mordre. Lorsqu'ils sont réellement dangereux, comme les serpents ou lézards venimeux, des couleurs vives ou des mouvements distinctifs le signalent. Certaines espèces inoffensives miment ces traits pour tromper les prédateurs.

Menace cachée
Certains serpents du désert s'enfouissent dans le sable, ne laissant dépasser que la tête. Quasi invisibles pour les prédateurs, ils peuvent aussi surprendre des proies.

MOUVEMENTS STRATÉGIQUES

Pour se défendre, les reptiles utilisent l'agressivité, la surprise, les feintes et leurs écailles protectrices. Chaque espèce dispose de ses tactiques pour éviter de finir en repas pour d'autres.

En éventail
Les lézards à collerette déploient une membrane pour se donner une apparence plus grande.

Dos hérissé
Attrapé par un prédateur, le zonure s'enroule sur lui-même et dresse ses écailles pointues dans la bouche ainsi endolorie.

Faire le mort
Certains serpents produisent une odeur nauséabonde pour convaincre les prédateurs qu'ils ne représentent pas un bon repas.

Forme élancée *Son museau pointu et son corps svelte permettent au serpent liane de se faufiler et de se dissimuler vivement dans les branches. Ses pupilles uniques en forme de trou de serrure lui donnent une vue excellente.*

Maître du déguisement

La finesse du serpent liane et sa couleur verte le rendent pratiquement invisible dans le feuillage. Ce camouflage le dissimule aux yeux des prédateurs et lui permet de s'approcher discrètement de ses proies. Il chasse durant le jour et seuls ses mouvements trahissent sa présence. Si un prédateur le repère, le serpent le déroute en changeant d'apparence.

Injection mortelle *Le serpent liane mord ses proies et injecte son venin par le canal à venin de ses crochets qui s'ouvrent vers l'arrière. Avec ses petites dents, il coince la proie qui se débat.*

Rose à l'intérieur
En ouvrant sa gueule, le serpent liane expose l'intérieur coloré de sa bouche et surprend les prédateurs.
Les crochets sont trop en arrière et trop courts pour constituer une défense.

Surprise *Lorsqu'il se sent menacé, le serpent liane s'aplatit et écarte ses écailles vertes pour exposer sa spectaculaire peau en damier noir et blanc. Ce brusque changement trouble le prédateur et permet au serpent de fuir.*

Perception du monde

Les sens

Pour percevoir leur environnement, les reptiles disposent des mêmes sens que les humains : la vue, l'ouïe, le toucher, le goût et l'odorat. Les lézards et les serpents possèdent en outre l'organe de Jacobson : ils détectent des substances chimiques à l'aide de la langue. La plupart des reptiles perçoivent les couleurs. Deux groupes de serpents « voient » leurs proies dans l'obscurité grâce à des détecteurs de chaleur. Dotés d'une ouïe excellente, les crocodiliens arrivent à déceler des sons sous l'eau. Les serpents, les tortues marines et certains lézards, privés d'oreille externe, captent les vibrations directement par l'oreille interne.

LA VUE ET LE GOÛT

Très adaptés, les yeux et la langue des reptiles peuvent récolter des informations de différentes façons.

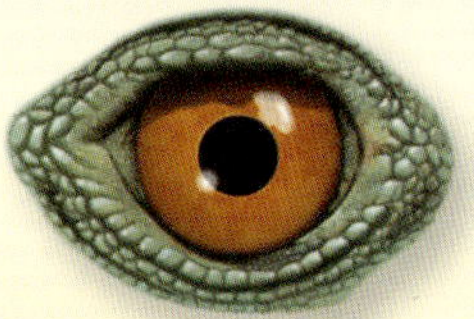

Ouverture maximale
Les reptiles diurnes, actifs de jour, ont une pupille ronde et utilisent la vue pour chasser.

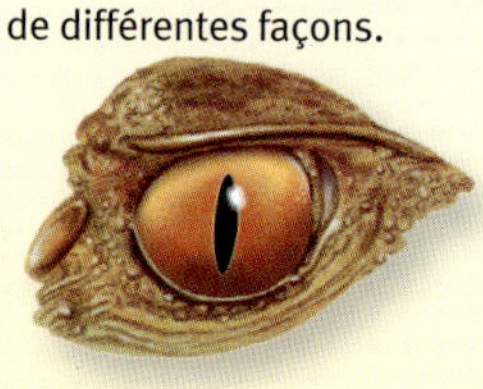

Fente
Une pupille verticale protège les yeux sensibles d'un animal nocturne.

Langue musclée
Les tortues malaxent les aliments dans leur gueule avec leur langue épaisse, tandis que les papilles gustatives contrôlent leur composition chimique.

Encoche
L'encoche à l'extrémité de sa langue permet à ce lézard apode de repérer la trace chimique d'une proie.

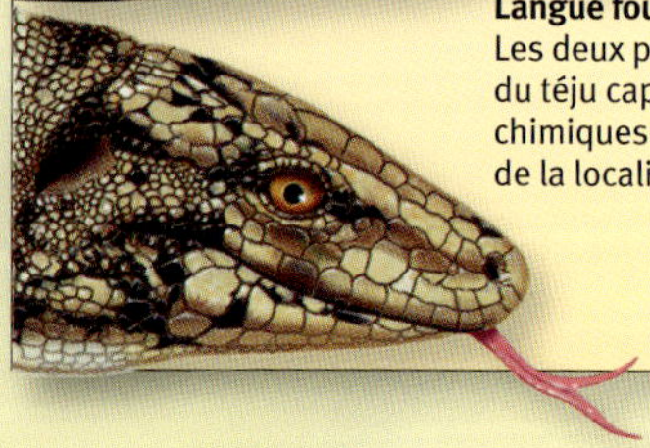

Langue fourchue
Les deux pointes de la langue du téju captent des substances chimiques révélatrices de la localisation d'une proie.

Combinaison de sens

Les serpents repèrent leurs proies à l'aide de nombreux organes sensoriels. Le nez et la langue fourchue de ce python tapis sont sensibles. Ses grands yeux avec leur pupille verticale, bien adaptés à la vision nocturne, s'ouvrent largement dans la pénombre. Grâce à des thermorécepteurs situés sur la lèvre inférieure et sur le nez, le python décèle une proie à sang chaud, un mammifère, dans l'obscurité totale.

Tympan apparent
Les oreilles des lézards sont généralement plus simples et moins performantes que celles des mammifères. Chez certains, comme le dragon barbu, le tympan se résume à une dépression couverte d'une membrane de peau apparente sur la tête.

Organe de Jacobson

Lorsque le serpent rentre la langue, il frotte les extrémités fourchues sur des conduits reliés à l'organe de Jacobson. Cet organe, dense amas de cellules, situé sur le palais, analyse les particules introduites par la langue puis envoie des informations au cerveau.

Détecter la chaleur *Les pythons, les crotales et les boas sont pourvus de fossettes thermosensibles qui détectent d'infimes variations de température. Grâce à elles, le serpent sait où se trouvent la proie et même son cœur, partie la plus chaude d'un animal.*

La vue *Les serpents n'ont pas de paupières mobiles et ne clignent pas des yeux. Leurs yeux sont recouverts d'une écaille transparente. En pleine lumière, la pupille des pythons se ferme en une fine fente pour protéger l'œil.*

L'odorat *Les narines externes captent des odeurs, parfois fort éloignées de leur source. Cela prévient le serpent de tout ce qui approche son environnement.*

Le goût *Les serpents dardent leur langue pour récolter des particules dans l'air, l'eau ou le sol. Grâce à ces substances chimiques, le serpent repère ses aliments, évite les prédateurs ou suit la trace d'un partenaire potentiel.*

TORTUE IMBRIQUÉE

NOM SCIENTIFIQUE : *Eretmochelys imbricata*

ORDRE : Testudinata

FAMILLE : Chelonidae

HABITAT : mers tropicales peu profondes

ALIMENTATION : éponges, invertébrés

CONSERVATION : menacée de disparition

Informations à disposition
Des informations succinctes fournissent l'essentiel sur chaque espèce citée.

Carte de l'aire de répartition
Les zones en vert désignent l'habitat de l'animal.

Barre d'espèce Cette barre indique la catégorie à laquelle appartient le reptile.

Zoom sur

CROCODILE DU NIL

NOM SCIENTIFIQUE : *Crocodylus niloticus*
ORDRE : Crocodilia
HABITAT : fleuves, lacs, marécages d'eau douce
ALIMENTATION : insectes, grenouilles, poissons, oiseaux, reptiles, mammifères
CONSERVATION : menacé

Crocodile du Nil

Liste noire

Le crocodile du Nil, un des carnivores les plus féroces du monde, n'a d'autres ennemis que ses congénères, les hippopotames et les êtres humains. Quasi invisible lorsqu'il est immobile sous l'eau boueuse, il attaque avec un puissant élan les animaux terrestres qui viennent boire. Les mâchoires de crocodile sont un piège monstrueux conçu pour broyer les os. Le crocodile arrache de gros bouts de viande car ses dents ne coupent pas et il avale les petites proies entières. Une fois rassasié, il ne s'alimente plus pendant plusieurs mois et survit de la graisse accumulée dans sa queue musculeuse.

Frénésie alimentaire
Des crocodiles grouillent autour d'un zèbre isolé. Si la victime échappe à de puissantes mâchoires, d'autres assurent la mise à mort. Les grosses proies rassasient plusieurs crocodiles.

Estomacs *Les crocodiles ne mâchent pas leur nourriture. Comme les oiseaux, ils ont deux estomacs. Dans le premier, des pierres, les gastrolithes, broient les morceaux de chair, qui sont ensuite digérés dans le second estomac, hautement acide.*

Proie *Armé de vitesse et de célérité, un crocodile déterminé peut surprendre un mammifère migrateur pendant la traversée d'un fleuve. Le gnou pèse dans les 25 kg, la moitié environ du poids d'un crocodile mâle adulte.*

Mâchoires meurtrières
Avec sa gueule, un grand crocodile adulte exerce une pression de 1 à 2 tonnes, de quoi broyer le crâne d'un animal. Les dents se cassent fréquemment, mais elles sont remplacées par d'autres qui poussent sous les anciennes.

Contorsion et demi-tour

Avec une force phénoménale, le crocodile du Nil pivote entièrement et s'abat sur un gnou condamné, qui s'effondre dans l'eau, pour le dépecer. Avec cette technique, la grosse proie est trop surprise pour se débattre et ses blessures sont mortelles. Sur terre, la plupart des mammifères distancent facilement les crocodiles, qui préfèrent donc entraîner leurs proies dans l'eau pour les noyer.

GUEULE REMPLIE D'EAU

Lorsque le crocodile est immergé, deux replis de peau bloquent sa trachée pour éviter qu'il se noie. Il respire grâce à des narines internes qui amènent l'air derrière ces replis.

GAVIAL

NOM SCIENTIFIQUE : *Gavialis gangeticus*

ORDRE : Crocodilia

HABITAT : fleuves lents, cours d'eau

ALIMENTATION : poissons, insectes, grenouilles, petits animaux aquatiques

CONSERVATION : menacé de disparition

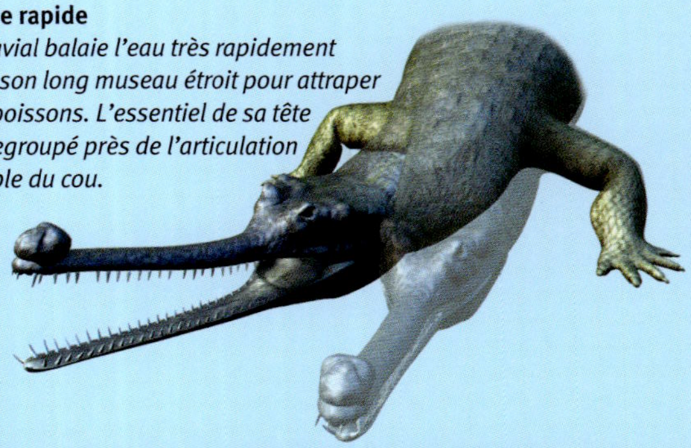

Pêche rapide
Le gavial balaie l'eau très rapidement avec son long museau étroit pour attraper des poissons. L'essentiel de sa tête est regroupé près de l'articulation flexible du cou.

Gavial

Appendice nasal

Parmi les crocodiliens, deux espèces sont des tueurs hautement spécialisés. Le plus connu est le gavial habitant des larges fleuves d'Inde et des pays adjacents. Il doit son nom anglais « *gharial* » à la protubérance au bout du museau du mâle qui, selon les Indiens, ressemble à un pot, « *ghara* » en hindi. Le faux gavial, parent plus petit, vit à Bornéo. Le gavial ne chasse pas de proies dangereuses, il est moins agressif que les autres crocodiliens et ses pattes sont plus faibles. Pour se nourrir, il balaie l'eau avec son long museau étroit et surprend les poissons d'un vif coup de tête latéral. Ses dents coupantes sont parfaites pour saisir ces proies glissantes.

CROCODILES EN MOUVEMENT

Sur terre, la plupart des crocodiliens sont lents et maladroits. Leur queue les encombre et ils doivent se débrouiller avec leurs petites pattes courtes pour chasser et échapper à un danger. Quelques petites espèces atteignent 16 km/h, mais sur de courtes distances.

Soulevé
La plupart des crocodiliens se soulèvent sur leurs pattes pour marcher, le corps arc-bouté et leur lourde queue traînant sur le sol.

La berge

Sur la berge, le gavial rampe généralement sur le ventre, puis il se laisse glisser dans l'eau sans la moindre éclaboussure. Lorsqu'il chasse dans l'eau froide, il se refroidit et se rend régulièrement sur la berge pour se réchauffer au Soleil. Les reptiles digèrent plus facilement lorsque leur température est élevée.

Berges sablonneuses *En hiver, le gavial passe beaucoup de temps hors de l'eau. La femelle creuse son nid dans le sable. Elle y pond jusqu'à 50 œufs qu'elle surveille jusqu'à l'éclosion, 60 à 80 jours plus tard.*

Propulsion *Comme tous les crocodiliens, les gavials se déplacent dans l'eau avec élégance, propulsés par un mouvement latéral de la queue.*

Faibles pattes *Les pattes du gavial sont faibles. Il passe davantage de temps dans l'eau que les autres crocodiliens et n'a pas besoin de se déplacer rapidement sur terre. Ses pattes palmées facilitent la nage.*

Appendice nasal *Seul le mâle adulte arbore cette excroissance bulbeuse sur le museau, près des narines. Chez la femelle, le museau est plat.*

Mâchoires étroites *Le gavial n'a pas besoin d'avoir des mâchoires puissantes car il n'attrape pas de grosses proies qui se débattent et qu'il faudrait broyer. La plupart des crocodiliens ont 70 à 80 dents, mais le gavial en a 110 environ, disposées tout le long de son museau.*

Résonateur de son

L'air vibre lorsqu'il pénètre dans l'appendice charnu du gavial, produisant une sorte de profond vrombissement qui avertit les autres mâles. Le son est amplifié par la cavité anatomique.

CROCODILIENS
LÉZARDS
SERPENTS
TORTUES AQUATIQUES ET TERRESTRES

MONSTRE DE GILA

NOM SCIENTIFIQUE : *Heloderma suspectum*
ORDRE : Squamata
FAMILLE : Helodermatidae
HABITAT : déserts
ALIMENTATION : œufs, oisillons, petits mammifères
CONSERVATION : stable

Monstre de Gila

Morsure toxique

Le monstre de Gila est un habitant spécialisé du désert qui se nourrit d'œufs et de portées de jeunes rats ou d'écureuils terrestres. Ce lézard est lent et vulnérable aux attaques, mais sa morsure venimeuse est une forte dissuasion pour les prédateurs. Il a une tête trapue avec de longues dents acérées et des mâchoires aux muscles puissants. Son venin, s'il n'est pas fatal aux humains, est terriblement douloureux et provoque d'importants dégâts et étourdissements. Les scientifiques ont découvert que l'une de ses composantes peut être utilisée pour fabriquer des remèdes contre le diabète.

FAMILLE VENIMEUSE

Plusieurs familles de lézards apparentées au monstre de Gila ont des glandes à venin, tels les varans dont le venin détruit les tissus du corps.

Dragon de Komodo
Le plus grand lézard du monde tue des mammifères de la taille d'un cerf ou d'une chèvre avec sa salive chargée de bactéries.

Varan de Gould
Les varans sont des lézards énergiques qui ont un odorat développé, une bonne vue et une morsure venimeuse.

Lézard perlé mexicain
Durant la journée, ces lézards, proches parents du monstre de Gila, se mettent à l'abri de la chaleur dans des terriers.

En chasse

Le monstre de Gila chasse en fin d'après-midi et en début de soirée pour éviter la chaleur de la journée. Menacé, ce lézard ouvre la gueule et expose ses dents acérées pour effrayer ses agresseurs. Il ne mord qu'en tout dernier recours.

Réserve d'énergie *La queue épaisse contient une grande réserve de graisse qui permet au monstre de Gila de survivre plusieurs mois sans s'alimenter.*

Glandes létales *Les glandes à venin du monstre de Gila sont situées dans la mâchoire inférieure. Le venin s'écoule des glandes par plusieurs orifices situés à la base des dents.*
Peau bosselée *La peau rugueuse du monstre de Gila est formée d'écailles semblables à des perles. Ses membres musculeux, son corps trapu et ses griffes tranchantes lui permettent d'éventrer les nids et les terriers d'autres espèces.*
Écoulement venimeux *Le monstre de Gila n'injecte pas de venin. Le venin s'écoule le long de canaux de plusieurs dents du bas. Plus le lézard mâche, plus le venin, qui agit lentement, pénètre les plaies de la victime.*

GECKO TOKAY
NOM SCIENTIFIQUE : *Gecko gecko*
ORDRE : Squamata
FAMILLE : Gekkonidae
HABITAT : forêts tropicales, zones boisées, bâtiments
ALIMENTATION : insectes, araignées, lézards, grenouilles
CONSERVATION : stable

Gecko tokay

Pattes adhésives

Le gecko tokay est une des plus grandes espèces... et l'une des plus bruyantes. Il doit son nom à l'aboiement sonore qu'il émet afin d'avertir les autres animaux de sa présence. Il défend son territoire et, si l'avertissement sonore ne dissuade pas les intrus, il se lance dans de féroces bagarres. Comme de nombreux geckos, le tokay est capable de marcher sur des murs verticaux et au plafond grâce au-dessous de ses pattes qui adhèrent aux aspérités invisibles. Il a une vue exceptionnelle et ses yeux, protégés par une écaille transparente, n'ont pas de paupières mobiles et ne clignent pas.

Camouflage
Ce gecko d'Australie, à queue en forme de feuille, se camoufle grâce à ses couleurs et à son apparence rugueuse.

À L'ABRI

La femelle pond deux œufs couverts d'une substance gluante. Puis elle les colle sur des surfaces verticales bien protégées, hors de porté des prédateurs, comme le creux d'un arbre. Occasionnellement les femelles partagent leur nid.

Queue perdue *Le gecko tokay est chassé par les mammifères et les serpents. Pour leur échapper, il abandonne sa queue, comme nombre de lézards.*

Suspendu *Avec leurs griffes pointues comme des aiguilles, les geckos grimpent dans les branches des arbres, notamment lorsque le temps humide ne permet pas aux lamelles d'adhérer correctement.*

Les orteils Le gecko a, sous chaque doigt, des lamelles adhésives recouvertes de millions de poils microscopiques.

Vue au microscope *Ces poils minuscules forment une surface aplatie qui agit comme une ventouse.*

Ouïe fine *Les geckos sont les lézards dont l'ouïe est la plus fine. Au fond de l'oreille externe, le tympan délicat est relié à la très sensible oreille moyenne.*

La vue *Le gecko tokay a une pupille verticale aux bords irréguliers, qui se transforme, à la lumière, en une série de minuscules points. Il évite ainsi l'éblouissement tout en continuant à voir.*

Bien propre *Le gecko tokay a besoin d'une vue impeccable. Il se nettoie régulièrement les yeux en passant sa langue sur l'écaille transparente qui les protège.*

Vie nocturne

Le gecko tokay est un animal nocturne qui devient actif peu après le coucher du Soleil. Il rôde parfois aux abords des habitations humaines à la recherche de proies attirées par les lumières. Tapi à l'affût comme un chat, il attrape ses victimes dans un dernier mouvement rapide. La plupart des geckos se nourrissent d'insectes et d'araignées, mais le tokay adulte chasse aussi des grenouilles et de petits lézards.

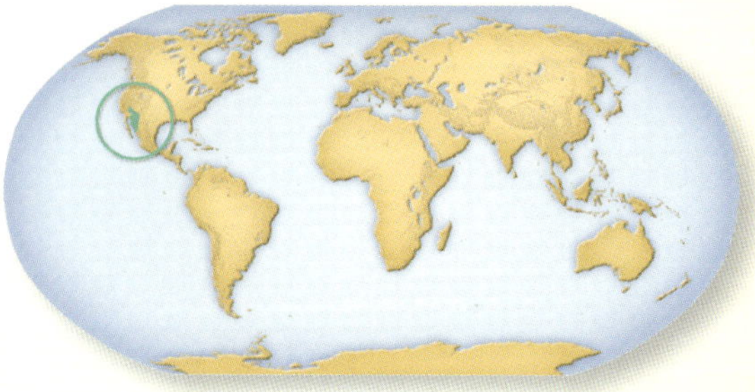

PHRYNOSOME

Nom scientifique : *Phrynosoma solare*
Ordre : Squamata
Famille : Phrynosomatidae
Habitat : déserts rocailleux
Alimentation : fourmis, insectes, araignées
Conservation : stable

Phrynosome
13 cm

Phrynosome ou lézard à cornes

Jet de sang

Les phrynosomes ou lézards à cornes forment un groupe varié. Ils habitent les déserts rocailleux et hibernent dans des terriers durant les mois glacés d'hiver. Petit en taille, le phrynosome dispose de plusieurs techniques pour éviter les prédateurs. Dans la lumière du jour, il se camoufle grâce à ses couleurs et sa forme. La nuit, il s'enfouit dans le sable. Les membres de cette espèce diurne se nourrissent essentiellement de fourmis, peu nutritives et difficiles à digérer, qu'ils doivent donc consommer en quantités énormes. Le lézard s'installe patiemment le long des colonnes de fourmis et les piège avec sa langue gluante.

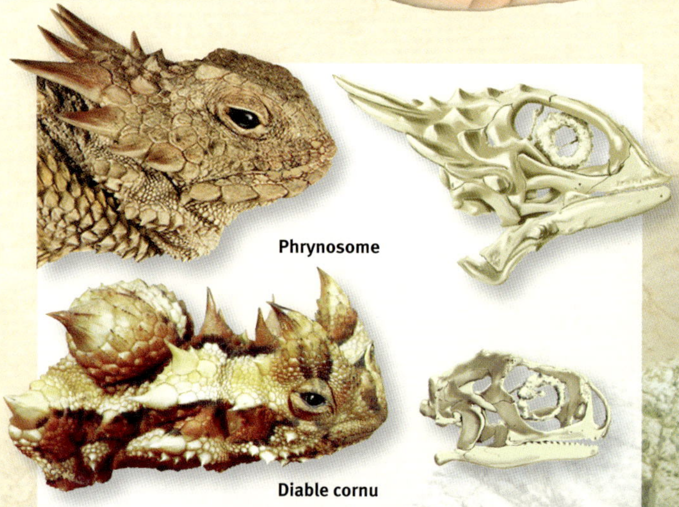

Le voir pour le croire

À première vue, le phrynosome et le diable cornu ont tous deux des cornes sur la tête. Mais au vu de leur crâne, on constate que chez le premier, ce sont des os, alors que chez le second, il s'agit de longues écailles insérées dans sa peau.

Jet urticant

Le phrynosome possède un système de défense étonnant. Menacé par un coyote ou un renard, le lézard projette un jet de sang à partir de son œil. Pouvant atteindre 1,2 m, ce jet contient des fluides irritants pour les yeux, le nez ou la bouche des prédateurs et dégage parfois une odeur ou un goût désagréables.

L'ABANDON DE LA QUEUE EN CAS D'URGENCE

La plupart des lézards abandonnent tout ou une partie de leur queue face au danger. Si l'animal est attrapé par la queue, une vertèbre se brise au niveau d'une fêlure et les muscles autour se contractent en des directions opposées. Une nouvelle queue, généralement de couleur unie, repousse.

Blessure propre
Lorsque le lézard perd sa queue, il saigne très peu.

Bouchée piquante
Avec ses cornes et les écailles épineuses de son corps trapu, le phrynosome est difficile à avaler pour un prédateur. Sa peau rugueuse et marbrée se fond dans le sol rocailleux.

Projection *Sous chaque œil, le Phrynosome a une poche remplie de sang dans laquelle convergent plusieurs veines. Lorsque les valves qui retiennent le sang se ferment, la pression fait éclater la poche.*

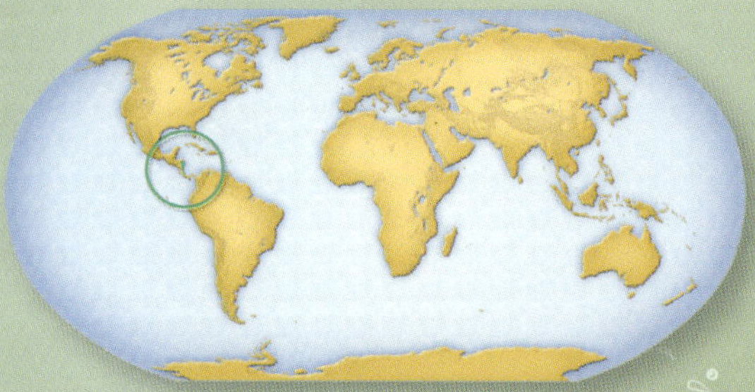

BASILIC À PLUMES
Nom scientifique : *Basiliscus plumifrons*
Ordre : Squamata
Famille : Corytophanidae
Habitat : forêts tropicales
Alimentation : plantes, insectes, petits vertébrés
Conservation : menacé de disparition

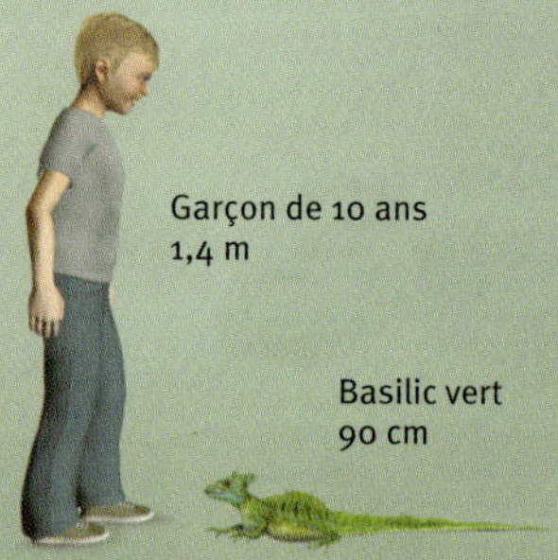

Basilic à plumes

Courir sur l'eau

La plus grande et la plus colorée des 4 espèces de basilic est celle du Nicaragua et des Honduras. Habitants des forêts, les basilics, sortes d'iguanes, sont capables de courir, de grimper et de nager avec une même aisance. Leur capacité à courir à la surface de l'eau leur a valu le surnom local de lézard Jésus-Christ. À vive allure, ils parviennent à se tenir quasiment debout sur les pattes arrière. Pour se dissimuler, ils peuvent rester immergés 30 minutes ou davantage. Seul le mâle arbore une crête dorsale et caudale qui lui sert à signaler sa présence. De taille voisine, la femelle est cependant nettement moins visible. Les hydrosaures d'Amboine d'Indonésie et des Philippines courent aussi sur l'eau en s'appuyant sur les écailles de leurs doigts.

La queue *En modifiant son centre de gravité pendant sa course sur l'eau, à l'aide de sa longue queue, le basilic se tient debout.*

SPÉCIALISÉ DANS LE SABLE

Grâce à leurs larges pattes palmées, les geckos des régions désertiques peuvent se déplacer sur les dunes instables sans s'enfoncer dans le sable.

Gecko du désert Les pattes palmées fonctionnent comme des raquettes de ski pour se déplacer sur le sable.

Sur les chapeaux de roues !

Inquiet, le basilic s'enfuit prestement en courant à la surface de l'eau. Cette faculté inhabituelle tient à la vitesse de l'animal et aux écailles spécialisées de ses doigts, plus larges que chez d'autres espèces. Les doigts prennent appui sur l'eau et propulsent le lézard en avant.

Griffes agiles *Le basilic est un agile grimpeur. Avec ses griffes acérées qui se plantent aisément dans l'écorce, il détale dans les arbres.*

Debout *Pour courir sur l'eau, le basilic se met debout. Il se propulse en avant sur ses agiles pattes arrière, à la façon des roues des vieux bateaux fluviaux. Ses pattes s'enfoncent légèrement dans l'eau.*

Bon nageur

Puissant nageur, le basilic se propulse à l'aide de sa queue ornée d'une crête. Dans l'eau, il se déplace à la façon des crocodiles, les pattes le long du corps.

Pattes et orteils
Grâce à des écailles élargies et dentelées, les orteils sont plus larges et les pattes se transforment en nageoires. Pour marcher sur terre, le lézard replie les écailles sous les orteils.

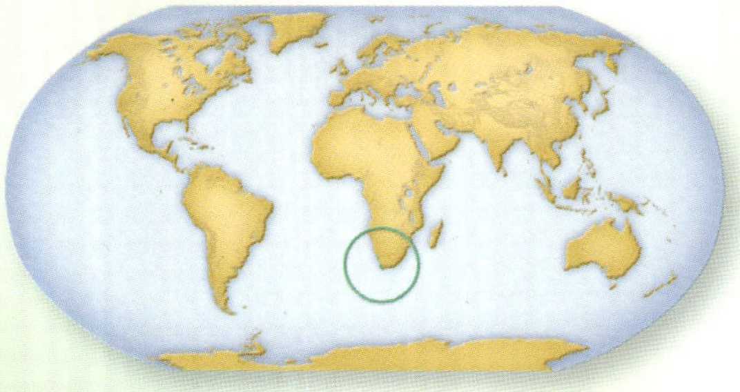

CAMÉLÉON NAIN DU CAP
- Nom scientifique : *Bradypodion pumilum*
- Ordre : Squamata
- Famille : Chamaeleonidae
- Habitat : zones boisées, jardins
- Alimentation : insectes, araignées
- Conservation : stable

Caméléon nain du Cap

Rapide métamorphose

Combat de cornes Le caméléon de Jackson est l'une des quelques espèces à cornes. Lors de la saison des amours, les mâles se mesurent dans des combats grâce à leurs cornes. Celui qui tombe est le perdant.

Les caméléons changent de couleur plus rapidement et plus radicalement que tout autre lézard. Les changements les plus spectaculaires sont destinés à la communication. Des couleurs et motifs distincts différencient le mâle et la femelle et les variations signalent leur humeur : prêt pour l'accouplement ou pour la bagarre. Les brusques modifications de coloris déconcertent l'ennemi. La gamme de couleurs des cellules de la peau du caméléon est trop vaste pour l'œil humain. La faculté de bouger les yeux indépendamment l'un de l'autre est une particularité de ces espèces, comme le sont ses doigts préhensiles et sa langue très longue.

Enroulé *Le caméléon enroule sa queue préhensile autour de petites branches pour se tenir. À la différence des lézards, il ne perd pas sa queue.*

SIGNAUX DE COULEUR

La peau transparente du caméléon est composée de cellules dotées de pigments colorés, jaune, rouge, bleu et brun, qui peuvent se combiner.

Cellules de pigmentation Les cellules brun foncé se contractent pour faire apparaître les autres couleurs, ou se dilatent pour les couvrir, faisant ainsi varier l'apparence du caméléon.

Attention aux apparences Ces détails de la peau du caméléon panthère illustrent sa tenue de camouflage, à gauche, et d'alerte, à droite.

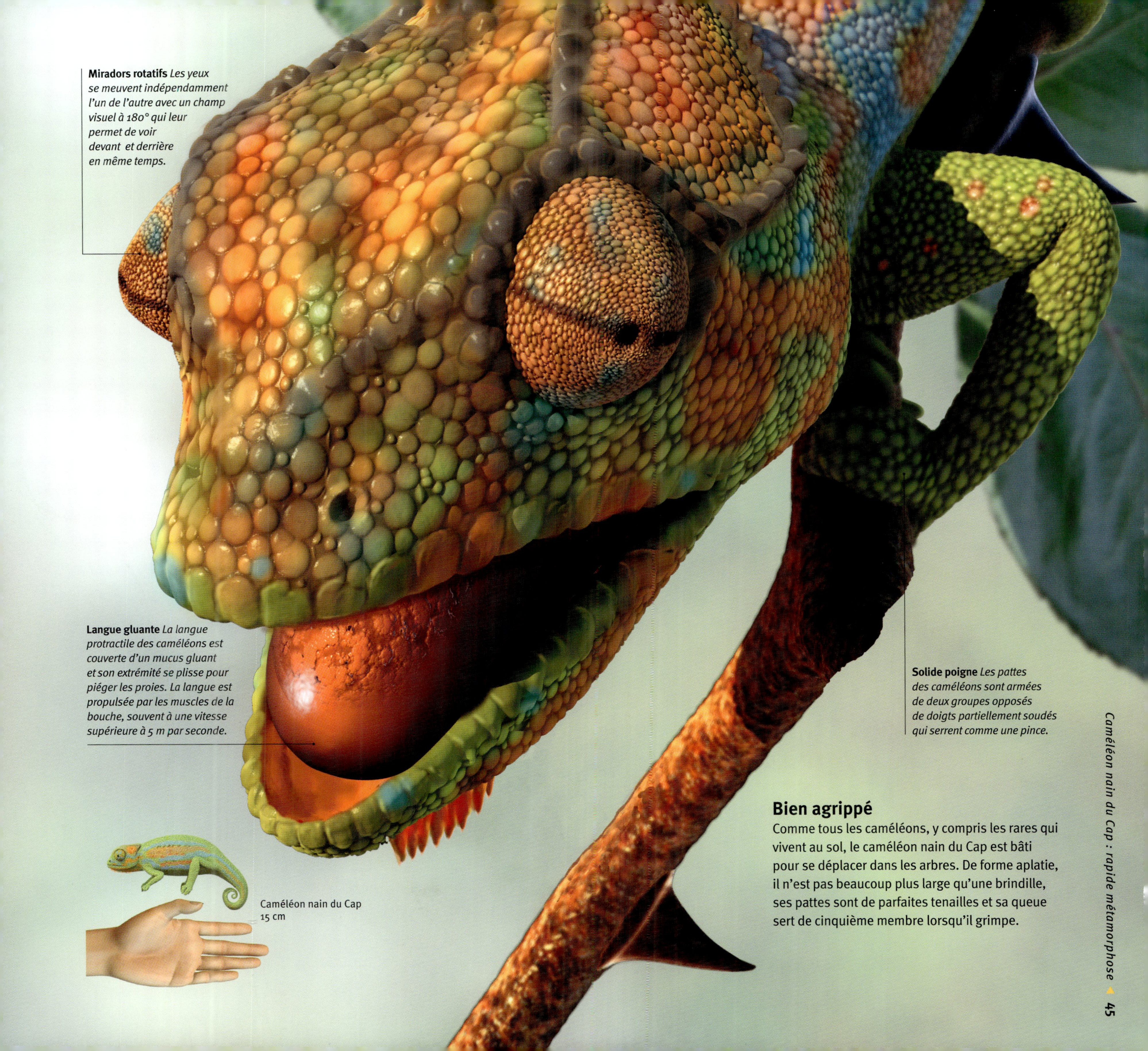

Miradors rotatifs *Les yeux se meuvent indépendamment l'un de l'autre avec un champ visuel à 180° qui leur permet de voir devant et derrière en même temps.*

Langue gluante *La langue protractile des caméléons est couverte d'un mucus gluant et son extrémité se plisse pour piéger les proies. La langue est propulsée par les muscles de la bouche, souvent à une vitesse supérieure à 5 m par seconde.*

Solide poigne *Les pattes des caméléons sont armées de deux groupes opposés de doigts partiellement soudés qui serrent comme une pince.*

Caméléon nain du Cap
15 cm

Bien agrippé

Comme tous les caméléons, y compris les rares qui vivent au sol, le caméléon nain du Cap est bâti pour se déplacer dans les arbres. De forme aplatie, il n'est pas beaucoup plus large qu'une brindille, ses pattes sont de parfaites tenailles et sa queue sert de cinquième membre lorsqu'il grimpe.

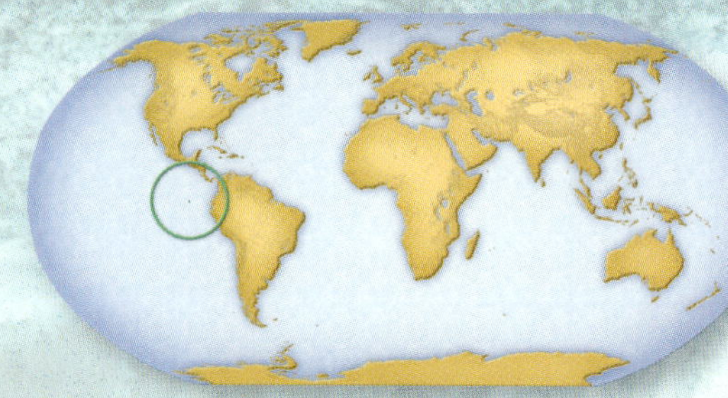

IGUANE MARIN

NOM SCIENTIFIQUE :	*Amblyrhynchus cristatus*
ORDRE :	Squamata
FAMILLE :	Iguanidae
HABITAT :	îles Galápagos
ALIMENTATION :	algues marines
CONSERVATION :	stable

Iguane marin

Une vie insulaire

Les lézards comptent de bons nageurs, dont certains vivent sur la côte. Mais l'iguane marin est l'unique espèce qui doive plonger pour se nourrir. Il est endémique des îles Galápagos, arides et rocheuses, mais entourées d'eaux froides riches en vie marine. Cet iguane est un herbivore qui s'est adapté aux plantes sous-marines. Il plonge dans l'océan jusqu'à ce qu'il soit à cours d'oxygène ou se soit trop refroidi. Les iguanes marins se regroupent ou même s'empilent les uns sur les autres sur les roches noires de la côte, pour absorber la chaleur du Soleil et augmenter leur température.

Propulsion caudale *Lorsqu'ils nagent, les iguanes marins se propulsent et se dirigent avec leur queue aplatie, tout comme les crocodiles. Les pattes restent le long du corps pour davantage d'efficacité et de vitesse.*

Forte prise *Pour résister au mouvement des vagues et aux courants, l'iguane s'agrippe aux roches sous-marines avec ses puissantes griffes.*

Sous la surface

Lorsqu'il mange des algues, l'iguane marin appuie son museau rond contre les roches pour les arracher. Son séjour dans l'eau froide abaisse sa température. Pour y résister, il ralentit la circulation sanguine vers ses pattes et sa queue, consacrant ainsi la chaleur au cerveau et aux organes vitaux. Les adultes peuvent retenir leur respiration 40 à 60 minutes et plonger à un maximum de 15 m.

PROTECTION DES GALÁPAGOS

De nombreuses espèces de plantes et d'animaux sont endémiques des îles Galápagos. Des lois protègent les espèces vulnérables et l'environnement.

Unique survivant
Il n'existe plus qu'un seul mâle de la tortue de l'île Pinta aux Galápagos. On espère trouver une femelle d'une espèce génétiquement proche qui pourrait se reproduire avec lui.

Vaporisation salée

L'iguane marin absorbe beaucoup de sel en mangeant des algues. Il s'en débarrasse en éternuant une concentration de saumure à l'aide d'une glande spéciale située dans le nez.

Plongée *L'iguane marin se nourrit généralement dans 1,5 m à 4,5 m d'eau. Seuls les adultes ont suffisamment de chaleur emmagasinée et de force pour pouvoir plonger. Les jeunes mangent des algues en eaux peu profondes ou à marée basse.*

Indicateurs de couleur *En temps normal, l'iguane marin est généralement gris-noir. Mais à la saison des amours, les pattes du mâle sont vertes et ses flancs rouge brique. Les femelles sont ainsi averties qu'il est prêt pour l'accouplement.*

Lames de rasoir

Les dents de l'iguane marin sont dotées de trois pointes tranchantes. Les dents sont alignées dans la mâchoire à la façon des dents d'un couteau, pour trancher les aliments.

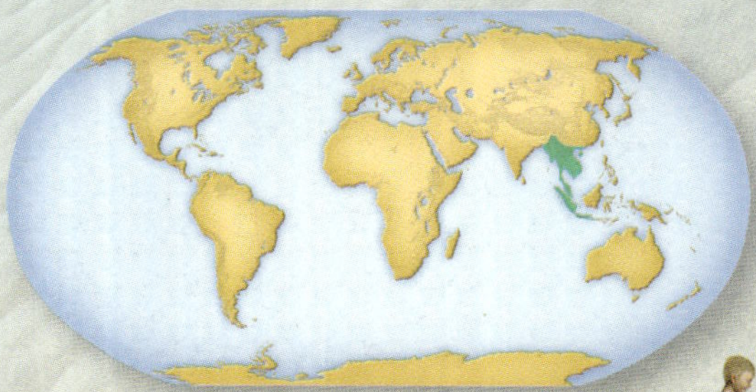

PYTHON MOLURE DE BIRMANIE

NOM SCIENTIFIQUE : *Python molurus bivittatus*

ORDRE : Squamata

FAMILLE : Boidae

HABITAT : forêts tropicales, zones boisées, marécages

ALIMENTATION : mammifères, oiseaux, reptiles

CONSERVATION : stable

Python molure de Birmanie

Forte étreinte

Les plus grands serpents sont les pythons et les boas, deux groupes apparentés, spécialisés dans la constriction. Ils enroulent leur long corps autour de leurs proies et les broient à mort avec leurs muscles puissants. L'adulte du python birman pèse 45 kg environ et atteint les 6 m. Seul le python réticulé, l'anaconda (un boa) et le python des roches africain le dépassent en longueur. La femelle surveille ses œufs et attend qu'ils aient éclos avant de se nourrir. Si la température des œufs est trop basse, la mère frissonne pour générer de la chaleur.

Vestiges de membres
Les pythons et les boas sont les seuls serpents à avoir des vestiges de membres postérieurs. Ils se présentent sous forme de petites griffes.

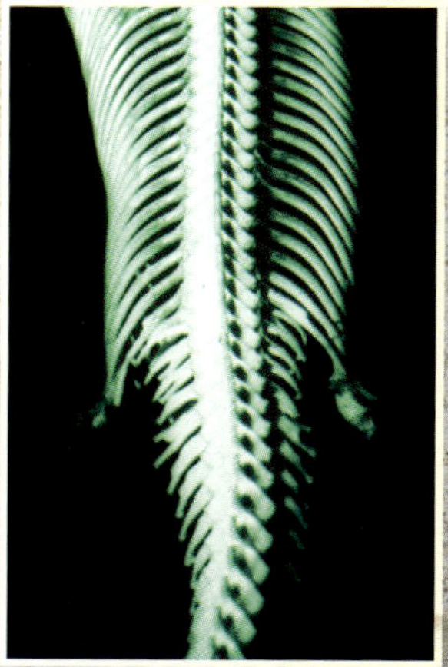

SPÉCIALISTE DES ŒUFS

Les couleuvres africaines zoophages ont peu de dents. Elles avalent tout rond les œufs des oiseaux et les ouvrent sur une vertèbre saillante de leur gorge. Ensuite, elles régurgitent la coquille.

Un gros repas

Un python birman adulte est capable d'avaler un jeune crocodile du Siam. Une fois la victime inconsciente ou morte, le serpent relâche son étreinte et l'avale, la tête la première. Il se contente ensuite d'avancer la mâchoire progressivement jusqu'à ce qu'il l'ait absorbée tout entière. La digestion d'une telle proie prend des semaines, si ce n'est des mois.

CROTALE DIAMANTIN DE L'OUEST
Nom scientifique : *Crotalus atrox*
Ordre : Squamata
Famille : Viperidae
Habitat : zones boisées sèches et broussailles désertiques
Alimentation : petits mammifères, notamment les rongeurs
Conservation : stable

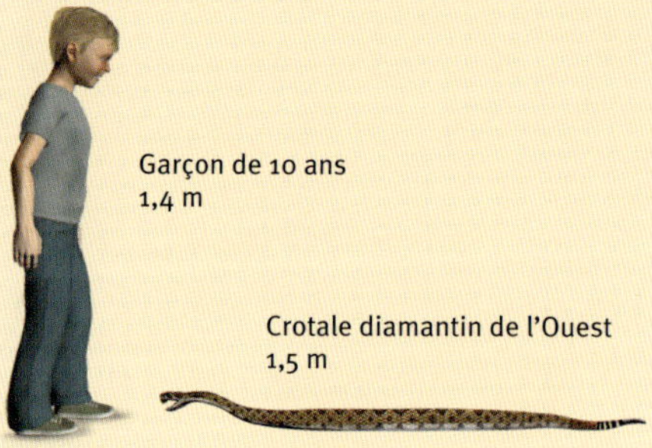

Crotale diamantin de l'Ouest

Signal sonore

Le crotale diamantin de l'Ouest est l'un des plus dangereux et des plus grands des 33 serpents à sonnette. Toutes ces espèces ont de longs crochets, qui injectent du venin, et des fossettes thermosensibles sur le museau, pour détecter les animaux à sang chaud dans l'obscurité. Leur venin détruit les tissus mous et les vaisseaux sanguins de leurs victimes, provoquant un état de choc et l'inconscience. Le crotale diamantin frappe sa proie vivement – généralement une souris ou un rat –, puis suit sa trace olfactive à l'aide de sa langue fourchue jusqu'à ce qu'elle meure.

Grande ouverte

La morsure venimeuse du serpent à sonnette est dangereuse pour beaucoup d'espèces. Mais le crotale ne mord que pour se nourrir. Son camouflage lui permet de se dissimuler parmi les feuilles mortes et, lorsqu'il est en danger d'être piétiné ou attaqué, il secoue son grelot caudal afin d'effrayer les intrus.

Grelot caudal *À chaque mue, une écaille creuse reste fixée sur la queue du serpent à sonnette. Au bout de plusieurs mues, il se forme un assemblage d'anneaux durs et secs à l'extrémité de la queue.*

TUEURS DE SERPENTS

Certaines espèces, ayant développé une immunité au venin de serpent, sont capables de survivre à des morsures mortelles pour d'autres. Les lézards à collerette, les serpents rois et certains écureuils terrestres sont résistants au puissant venin du serpent à sonnette.

Un pas mortel
Pour tuer les serpents, les serpentaires les piétinent ou les frappent contre le sol.

Vitesse et agilité
Les mangoustes sont résistantes au venin de cobra. Plus malines que le serpent, qu'elles tuent d'un coup de dent à la tête, elles se font rarement mordre.

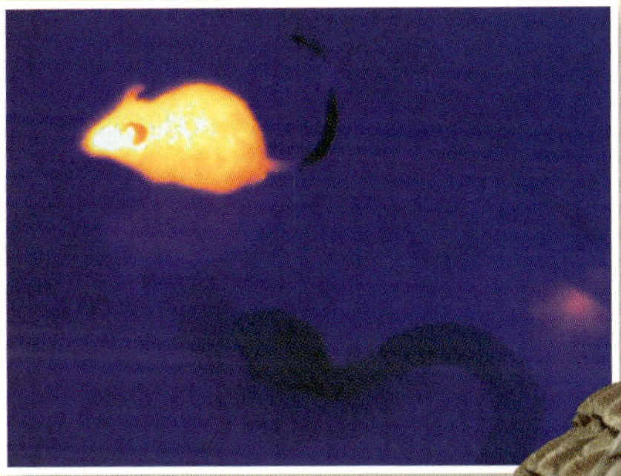

Cible chaude
Les fossettes thermosensibles du crotale lui permettent de détecter, même dans l'obscurité totale, la chaleur dégagée par une proie.

Balancier *Les crochets du serpent à sonnette basculent vers l'avant pour frapper. Lorsque l'animal mord, la gaine, fine membrane de peau, se rétracte. Au repos, les crochets sont repliés à plat contre le palais.*

Vif comme l'éclair *Lorsqu'ils frappent, les prédateurs qui chassent par surprise ont des mouvements vifs comme l'éclair. Le crotale prend appui sur son corps musculeux pour lancer la tête et le cou en avant.*

COBRA DE MER

Nom scientifique	*Laticauda colubrina*
Ordre	Squamata
Famille	Elapidae
Habitat	océans tropicaux et subtropicaux
Alimentation	poissons
Conservation	non menacé

Cobra de mer ou tricot rayé commun

Vie marine

Deux groupes de serpents vivent dans les eaux salées : les cobras de mer, partiellement terrestres, et les vrais serpents marins, totalement aquatiques. Les deux groupes sont issus de la famille des Élapidés, qui englobe les cobras. Ces espèces se sont adaptées à la vie marine : leurs narines se ferment pour ne pas laisser pénétrer l'eau et leur queue aplatie favorise la nage. À la différence des vrais serpents marins, les cobras de mer s'aventurent sur terre pour pondre et se chauffer au Soleil des îles coralliennes.

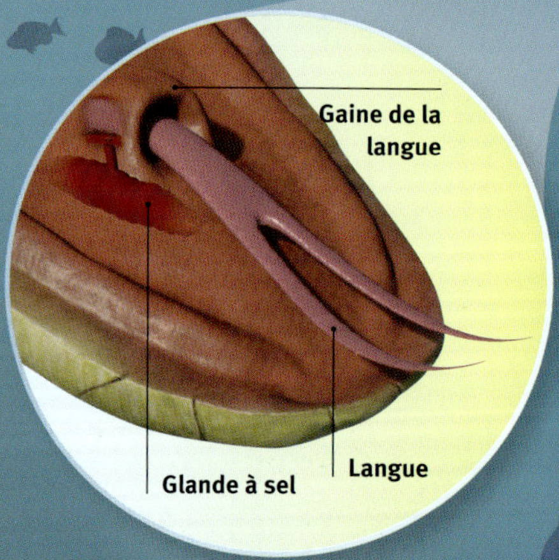

Excès de sel *Sous la langue du cobra de mer, une glande à sel concentre l'eau salée ingérée par l'animal. Cette glande s'ouvre dans la gaine de la langue qui expulse un peu de saumure à chaque sortie.*

Respirer à la surface *Avec ses narines situées sur le museau, le cobra de mer n'a pas besoin de sortir la tête de l'eau pour inspirer. Sa grande capacité pulmonaire lui permet de rester immergé plus d'une heure, mais il sort généralement respirer toutes les 10 à 20 minutes.*

MODES DE LOCOMOTION

Apodes, les serpents ont différentes façons de se mouvoir. La plus courante est l'ondulation latérale : les muscles impriment des mouvements en S, d'avant en arrière, à la colonne vertébrale flexible. En même temps, le serpent se tracte sur ses écailles ventrales spéciales.

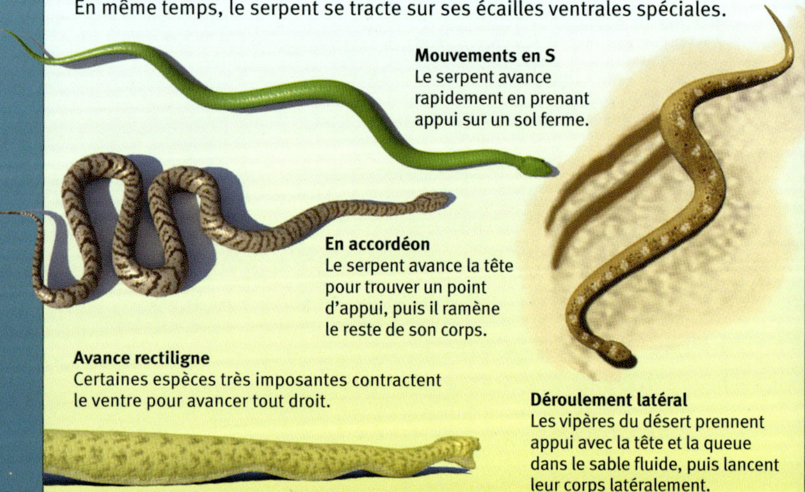

Mouvements en S
Le serpent avance rapidement en prenant appui sur un sol ferme.

En accordéon
Le serpent avance la tête pour trouver un point d'appui, puis il ramène le reste de son corps.

Avance rectiligne
Certaines espèces très imposantes contractent le ventre pour avancer tout droit.

Déroulement latéral
Les vipères du désert prennent appui avec la tête et la queue dans le sable fluide, puis lancent leur corps latéralement.

Toxique

Les cobras de mer se regroupent parfois autour des récifs de corail pour chasser et trouver un partenaire. Ils ont hérité, de leur ancêtre terrestre, d'un venin hautement toxique qui agit sur les nerfs. Une goutte microscopique suffit à paralyser et tuer un poisson presque instantanément.

Bouchée glissante *Le cobra de mer plante ses longs crochets dans le poisson et lui injecte son venin sans le lâcher. Ses mâchoires s'élargissent pour laisser passer sa proie, plus large que sa tête. Tout est digéré, os et queue compris.*

Puissant propulseur *Pour se propulser dans l'eau, les cobras de mer poussent sur l'eau avec leurs flancs et s'aident de leur queue plate. Sur terre, ils se déplacent grâce à leur forme arrondie et à leurs grandes écailles ventrales.*

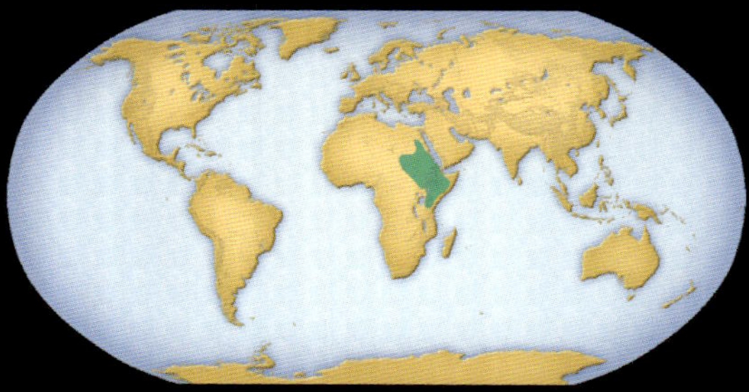

COBRA CRACHEUR ROUGE

NOM SCIENTIFIQUE : *Naja palida*

ORDRE : Squamata

FAMILLE : Elapidae

HABITAT : forêts arides et savanes subtropicales

ALIMENTATION : petits mammifères, grenouilles, crapauds

CONSERVATION : stable

Cobra cracheur rouge

Viser l'œil

Le cobra cracheur rouge vit dans les déserts d'Afrique. Comme l'ensemble des 32 espèces de cobras, il effectue de spectaculaires parades de menace. Pour effrayer ses agresseurs, il dresse l'avant de son corps et écarte ses côtes cervicales. Avec ses courts crochets fixes, il crache un puissant venin neurotoxique qui bloque le battement du cœur et les poumons de ses assaillants. Plusieurs espèces visent les yeux des prédateurs, tels de gros mammifères et oiseaux de proie. Le cobra cracheur rouge chasse des rongeurs et des crapauds, de jour comme de nuit. Pour se défendre, il lui arrive de mordre.

Jet aveuglant

Toutes les espèces de cobras cracheurs possèdent un système de défense sophistiqué : ils envoient du venin aux yeux de leurs assaillants. La force de la projection transforme le jet en fines gouttelettes. La moindre petite goutte qui atteint la surface de l'œil provoque une douleur et une inflammation immédiates. Le venin est tellement toxique qu'une infime quantité suffit à tuer ou paralyser une proie.

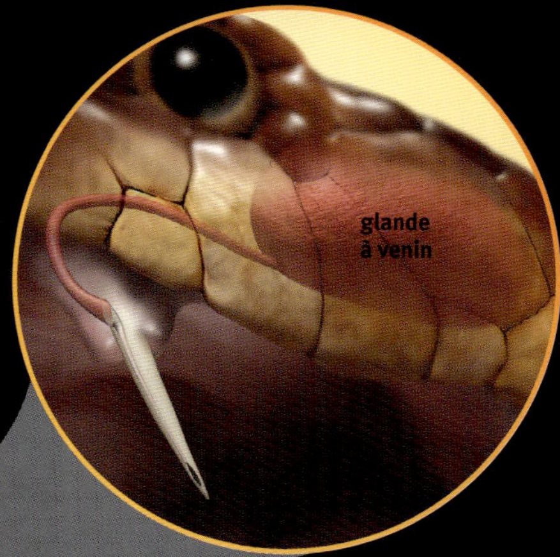

Crochet *L'ouverture ovale à l'extrémité des crochets du cobra est orientée vers l'avant. Le serpent envoie du venin en contractant les muscles qui entourent sa glande à venin.*

Coiffe déployée *Les côtes cervicales des cobras sont inhabituellement longues et pivotantes. Les muscles les écartent et déploient la peau dans une sorte de coiffe qui ressemble à une tête.*

Imitateur inoffensif
Le faux cobra asiatique n'a ni crochets, ni puissant venin, mais il prend des poses de véritable cobra.

Posture de menace *Les cobras ne se dressent que pour intimider un ennemi, pas pour attaquer une proie. Cette manœuvre les rend plus visibles et sert d'avertissement aux animaux environnants.*

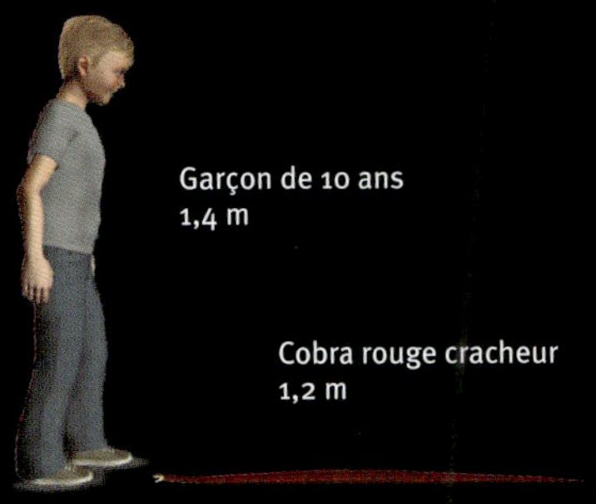

Charmeur de serpent
Les serpents entendent difficilement les sons véhiculés par l'air, comme la musique. C'est avec le mouvement ondulant de la flûte que les charmeurs de serpents hypnotisent les cobras.

TORTUE CHARBONNIÈRE À PATTES ROUGES

NOM SCIENTIFIQUE :	*Geochelone carbonaria*
ORDRE :	Testudinata
FAMILLE :	Testudinae
HABITAT :	forêts tropicales, zones forestières tropicales, savanes
ALIMENTATION :	feuilles, fleurs, fruits
CONSERVATION :	stable

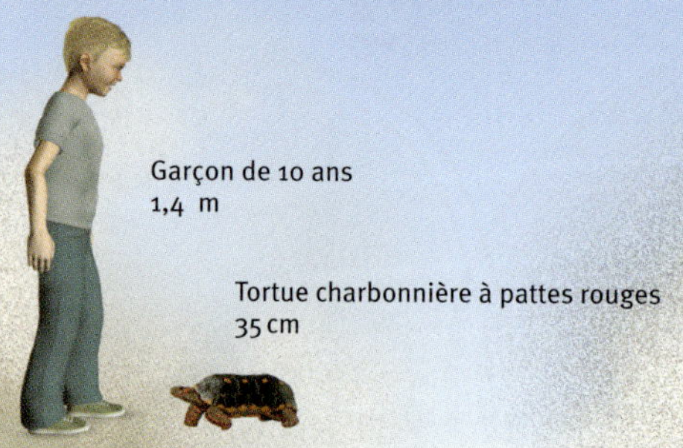

Tortue charbonnière à pattes rouges

Pattes en l'air

La tortue charbonnière à pattes rouges vit dans des zones tropicales, à la différence de la plupart des tortues terrestres, adeptes des régions sèches, voire désertiques. Adulte, la charbonnière pèse environ 7 kg. Sa carapace massive et bombée la protège des attaques mais, lourde et encombrante, elle la ralentit. Tortue herbivore, elle arrache les feuilles et les fleurs des buissons avec ses mâchoires cornées. Quoique plus petite, c'est une proche parente des tortues des Galápagos.

Carapace coriace *Les prédateurs ont du mal à mordre cette carapace dure et bombée. À la moindre menace, la tortue rentre la tête et les pattes à l'abri de sa carapace.*

STRATÉGIES DE DÉFENSE

Pour se défendre, les tortues musquées américaines émettent des substances chimiques nauséabondes. La plupart des espèces marines nagent rapidement pour fuir les prédateurs.

Arête tranchante
Certaines tortues marines ont une arête acérée sur la carapace qui les protège des prédateurs.

Hermétique
Le plastron de la tortue boîte est équipé d'une charnière. L'animal peut fermer hermétiquement sa carapace à la façon d'un pont-levis, avec la tête et les pattes bien à l'abri.

Tactiques de combat

Les mâles se disputent leurs territoires et l'accès aux femelles. Au cours de combats, ils se percutent, l'un des adversaires se retrouvant parfois les pattes en l'air. Les tortues sont généralement capables de se redresser, mais au prix d'efforts épuisants. Si la manœuvre est trop longue et qu'il fait chaud, la tortue peut mourir d'un excès de chaleur.

Féroce morsure *Lorsqu'elles se battent, les tortues se mordent à la tête, au cou et aux pattes, des parties vulnérables, avec leur bec pointu et leurs mâchoires tranchantes.*

Piliers *La tortue doit avoir des pattes robustes pour soutenir le poids de sa carapace. Elles sont armées de courtes griffes dont se sert la femelle pour creuser un trou où elle pond ses 15 œufs.*

Complémentaires *Le plastron du mâle est concave et s'adapte à la dossière arrondie de la femelle lors de l'accouplement. Le plastron de la femelle est plat.*

TORTUE IMBRIQUÉE

- Nom scientifique : *Eretmochelys imbricata*
- Ordre : Testudinata
- Famille : Chelonidae
- Habitat : mers tropicales peu profondes
- Alimentation : éponges, invertébrés
- Conservation : menacée de disparition

Tortue imbriquée

Maison de corail

La tortue imbriquée est l'une des 7 espèces marines. La carapace profilée de ces dernières est plus fine et plus légère que celle des tortues terrestres. Leurs membres se sont transformés en nageoires adaptées à la vie marine. Les antérieurs fournissent la puissance, tandis que les postérieurs, plus larges, soulèvent et dirigent l'animal. La tortue imbriquée n'effectue pas de grandes migrations entre les aires d'alimentation et de nidification, elle pond sur les plages tropicales. La femelle retrouve la plage de sa naissance pour pondre 90 à 190 œufs. C'est la température du nid qui détermine le sexe des petits.

ESPÈCES MENACÉES

Chassées pour leur chair, leur carapace et leurs œufs et piégées dans les filets, les tortues de mer disparaissent peu à peu. Et leurs plages de nidification sont dévastées par le développement du tourisme.

Corail décoloré
L'augmentation de la température des mers menace les récifs coralliens.

Écailles de tortue
Les tortues imbriquées étaient autrefois chassées pour leurs merveilleuses écailles translucides.

Déchets mortels
Les tortues luth meurent étouffées en mangeant des sacs en plastique qu'elles prennent pour des méduses.

La course à la mer
L'éclosion est la période la plus dangereuse pour les tortues de mer. Leur nombre garantit leur survie pendant la traversée vers l'océan. Les prédateurs terrestres et marins se délectent de ces petites tortues, dont peu parviennent à survivre et devenir adulte.

Salon de beauté

Les tortues imbriquées restent aux abords des récifs coralliens pour se nourrir. Elles découpent des éponges avec leur bec tranchant. Attirées par les bancs de girelles aux couleurs vives, elles font parfois même la queue, attendant patiemment leur tour pour être nettoyées par ces poissons.

Équipe de nettoyage *Les girelles débarrassent les tortues et les autres gros animaux marins des bernacles et petits parasites qui se développent sur eux. Ils évitent ainsi à la carapace d'être envahie de parasites.*

Nageoires osseuses *Les os courts des pattes et des doigts donnent de la puissance à la nage.*

Évolution des reptiles

Classification des reptiles

Les espèces sont classées en 2 groupes selon leur degré de parenté. Les membres de chaque groupe sont identifiables grâce à un certain nombre de caractères communs. Cela permet aux scientifiques de classer les informations sur la diversité de la vie.

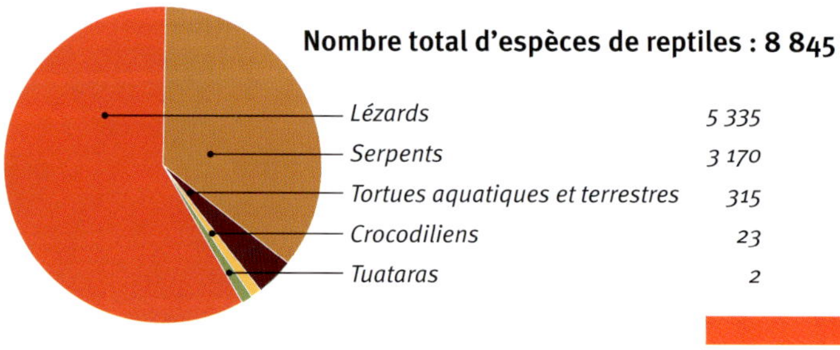

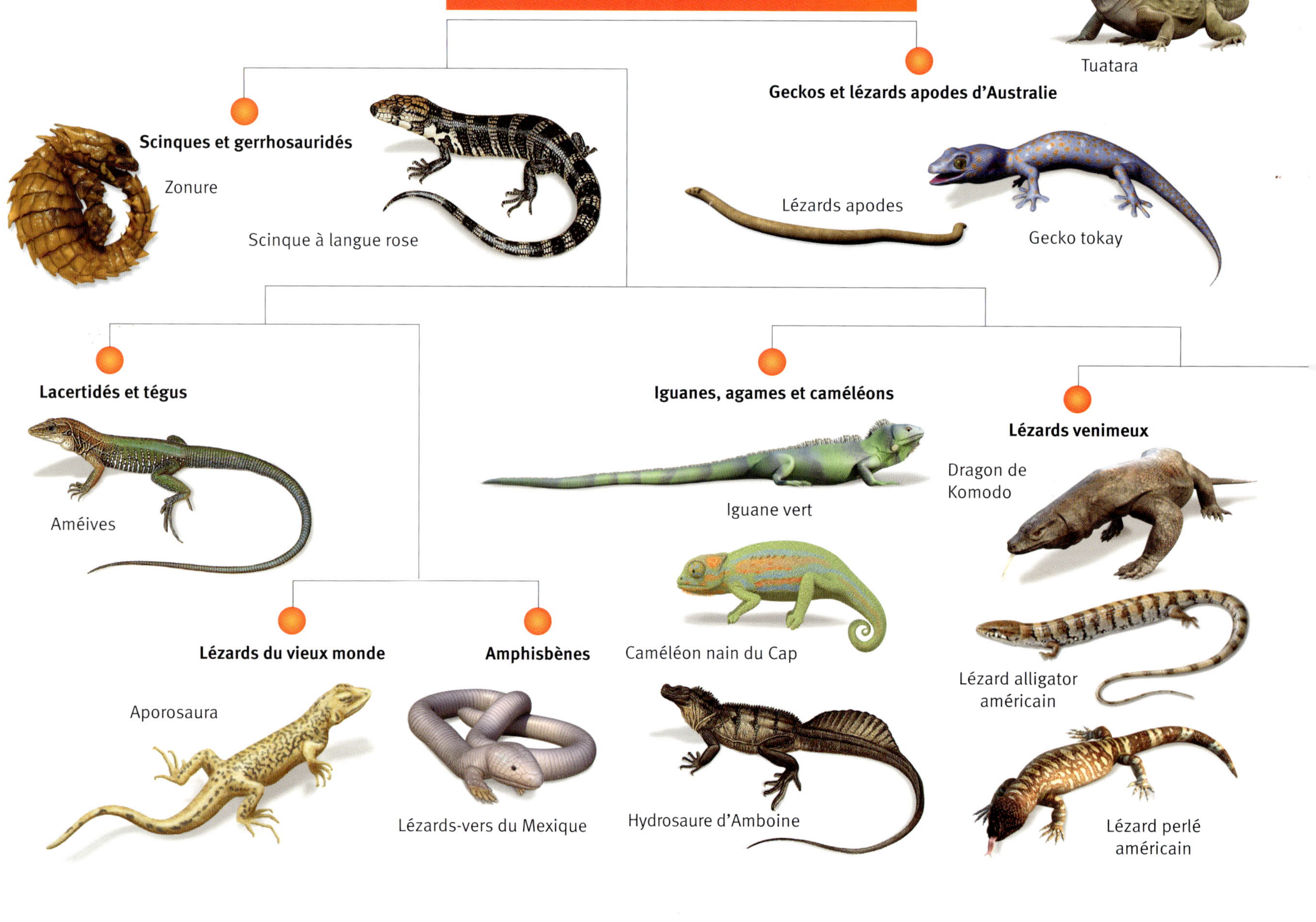

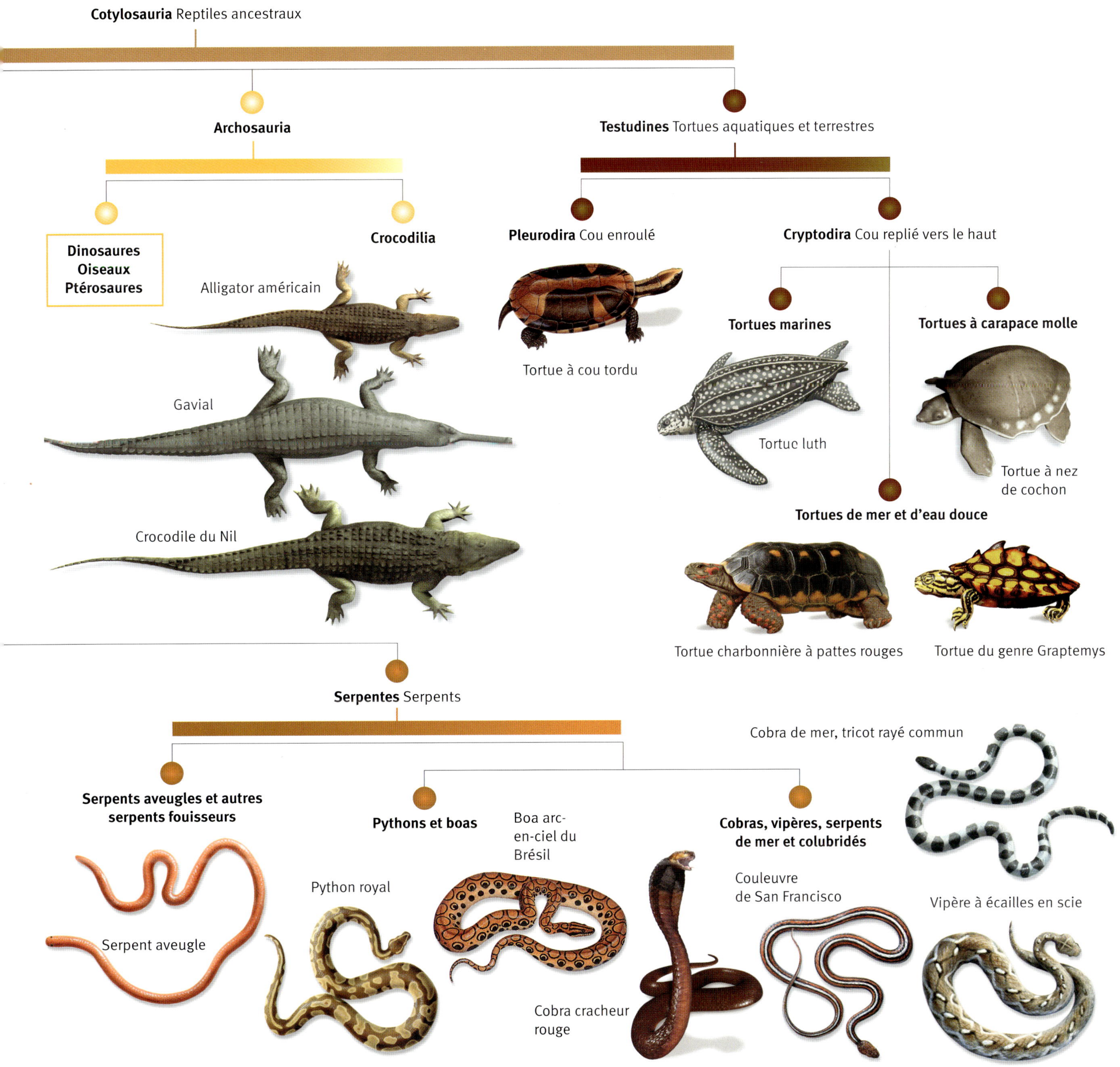

Cotylosauria Reptiles ancestraux
Archosauria
Testudines Tortues aquatiques et terrestres
Dinosaures
Oiseaux
Ptérosaures
Crocodilia
Alligator américain
Gavial
Crocodile du Nil
Pleurodira Cou enroulé
Tortue à cou tordu
Cryptodira Cou replié vers le haut
Tortues marines
Tortue luth
Tortues à carapace molle
Tortue à nez de cochon
Tortues de mer et d'eau douce
Tortue charbonnière à pattes rouges
Tortue du genre Graptemys
Serpentes Serpents
Serpents aveugles et autres serpents fouisseurs
Serpent aveugle
Pythons et boas
Python royal
Boa arc-en-ciel du Brésil
Cobras, vipères, serpents de mer et colubridés
Cobra cracheur rouge
Couleuvre de San Francisco
Cobra de mer, tricot rayé commun
Vipère à écailles en scie

Glossaire

Adaptation La façon dont les espèces vivantes modifient leurs caractères et leur comportement pour survivre.

Amphibien Vertébré à peau humide, grenouille ou salamandre par exemple, adapté à la vie terrestre et aquatique. Il pond des œufs à coquille molle.

Amphisbènes Groupe de lézards-vers apodes, habitant des terriers souterrains. Leur nom signifie « aller dans les deux sens » car la tête et la queue de la plupart des espèces se ressemblent.

Ancêtres Plante ou animal dont sont issues d'autres espèces.

Antivenin Médicament destiné à neutraliser le venin d'une morsure de serpent.

Aquatique Espèce vivant essentiellement dans l'eau.

Arboricole Espèce adaptée à la vie dans les arbres.

Bec Remplace les dents chez les tortues et les oiseaux. Les bords tranchants de leurs mâchoires saillantes sont en kératine.

Camouflage Couleurs ou motifs permettant à l'animal de se fondre dans l'environnement.

Carnivore Animal qui se nourrit de viande.

Cellules de pigmentation Cellules qui déterminent la couleur de la peau et des yeux des animaux.

Chélonien Nom général désignant les tortues aquatiques et terrestres.

Climat Le temps général d'une région pendant une longue période.

Colubridé Groupe diversifié de serpents présent dans le monde entier ; la plupart des espèces familières de l'hémisphère Nord en font partie.

Cou enroulé Tortue qui replie le cou sur le côté pour le rentrer sous la carapace. D'autres espèces rentrent la tête en repliant le cou verticalement vers l'arrière.

Couver Protéger et conserver des œufs à la bonne température en se posant dessus ou en les plaçant dans un nid, afin de favoriser le développement de l'embryon dans l'œuf et son éclosion.

Crête Rangée d'écailles pointues sur le dos et le cou de certains lézards.

Crochet Dent spécialisée parcourue par un canal le long duquel s'écoule le venin que l'animal injecte à une proie.

Crocodilien Terme général désignant tous les crocodiles, alligators, caïmans et gavials.

Dent d'éclosion provisoire Dent pointue sur le bout du museau d'un bébé reptile qui l'aide à sortir de l'œuf. Elle tombe peu après l'éclosion.

Désert Région aride où la pluie est rare.

Dinosaure Groupe de reptiles qui a dominé la Terre il y a 245 à 65 millions d'années. Les dinosaures ont davantage de liens de parenté avec les crocodiliens et les oiseaux qu'avec les autres reptiles.

Diurne Actif le jour.

Dossière Partie supérieure de la carapace des tortues. Le dessous s'appelle le plastron.

Écailles Plaques épaisses sur la peau des reptiles qui forment une surface protectrice.

Élapidés Famille de serpents, qui englobe les cobras et les serpents de mers, pourvus de crochets courts à l'avant de la mâchoire.

Espèce Groupe d'animaux aux apparences semblables et qui partagent de nombreuses caractéristiques génétiques. Seuls les membres d'une même espèce peuvent se reproduire.

Espèce menacée de disparition Espèce animale ou végétale en danger d'extinction.

Éteint Espèce disparue. Lorsque le dernier individu meurt, l'espèce à laquelle il appartenait s'éteint

Évolution Transformation progressive, au fil des générations, des caractéristiques des espèces végétales et animales, favorisant une meilleure adaptation à leur environnement.

Fanon gulaire Membrane vivement colorée sur le cou du lézard qu'il déploie afin d'avertir ses congénères.

Forêt pluviale Habitat de forêt épaisse avec une forte pluviométrie.

Fossette thermosensible Fossette faciale entre les écailles de certains serpents, comme le python, le boa et certaines vipères. Elle permet au serpent de détecter une source de chaleur, sa position et sa direction et ainsi de repérer des proies à sang chaud dans l'obscurité.

Fossile Les restes d'un animal ou d'une plante, conservés dans la roche, ou bien une trace de sa présence, comme des empreintes de pas.

Frapper Mouvement rapide d'un serpent qui lance la tête en avant afin de mordre.

Griffes Ongles pointus et incurvés des animaux, destinés à attraper des proies, creuser ou à grimper.

Habitat L'environnement naturel d'un animal, comme la forêt ou le désert. L'habitat fournit ce dont l'animal a besoin pour vivre : nourriture, eau, abri et partenaire.

Herbivore Animal qui se nourrit exclusivement de plantes.

Hiberner Dormir totalement ou partiellement durant l'hiver. Certains lézards et serpents des climats froids ou des montagnes hibernent dans des terriers sous la neige.

Invertébré Animal dépourvu de colonne vertébrale. Il possède généralement un corps mou ou une coquille dure.

Kératine Substance dure, composée de cellules de la peau, dont est constituée la couche externe des écailles et des griffes, et des ongles chez les êtres humains.

Locomotion rectiligne Mouvement des grands serpents lorsqu'ils se déplacent lentement en ligne droite. Ils contractent successivement de petites portions du corps, induisant un mouvement de poussé-tiré.

Lunette Écaille transparente et « soudée » qui protège l'œil, présente chez les espèces dépourvues de paupières, comme les serpents.

Ma Million d'années.

Mammifères Groupe de vertébrés couverts de fourrure ou de poils. La femelle nourrit ses petits avec son lait.

Marin Qui vit dans l'océan.

Membrane Fine couche de peau ou de tissu sur le corps d'un animal.

Mouvement en accordéon Méthode de locomotion de certains serpents et lézards apodes. L'animal allonge l'avant de son corps et prend appui sur celui-ci. Il ramène ensuite le reste de son corps.

Mouvement latéral Mouvement de certains serpents sur le sable. Ils ancrent leur tête et leur queue dans le sable et soulèvent le milieu du corps afin de se déplacer latéralement. Un minimum de surface se trouve ainsi en contact avec le sable brûlant.

Nageoires Les larges membres antérieurs des tortues marines agissent comme des pagaies pour nager. Les nageoires sont composées des os de la patte et des doigts.

Nocturne Actif la nuit.

Ondulation en S Mouvement de certains lézards apodes et serpents. L'animal avance en prenant appui sur les irrégularités du sol grâce à ses anneaux.

Organe de Jacobson Deux petites glandes sensorielles situées sur le palais de certains lézards et serpents. La langue transmet à l'organe de Jacobson des substances chimiques présentes dans l'air, l'eau ou le sol.

Ostéoderme Plaque osseuse située à l'intérieur de la peau d'un reptile qui le protège des prédateurs. La plupart des crocodiliens et quelques lézards ont également une peau coriace.

Ovovipare Reptile qui ne pond pas d'œuf et donne naissance à des petits totalement formés.

Parades Série de comportements destinés à la communication entre les animaux. Ils peuvent servir à attirer un partenaire ou à effrayer des rivaux ou des prédateurs.

Plaques Plaques cornées qui couvrent la carapace des chéloniens et les dos des crocodiles.

Prédateur Animal qui chasse, tue et mange d'autres animaux.

Proie Animal chassé, tué et mangé par d'autres animaux.

Pupille Ouverture arrondie ou en fente sur le devant de l'œil qui laisse pénétrer la lumière.

Queue L'extrémité arrière de la colonne vertébrale d'un animal, qui bouge parfois indépendamment.

Repli Membrane de peau musculeuse située dans la gorge des crocodiles afin que l'eau ne pénètre pas dans ses poumons lorsqu'il est immergé.

Reptile Vertébré à peau écailleuse qui respire de l'air et pond des œufs. Les crocodiles, lézards, serpents et tortues sont des reptiles.

Rival Animal en concurrence avec un autre pour la nourriture, un territoire ou un partenaire.

Sang chaud, à Animaux comme les oiseaux ou les mammifères, qui génèrent leur propre chaleur grâce à l'énergie fournie par les aliments.

Sang froid, à Terme trompeur désignant un animal, un reptile par exemple, qui dépend de sources de chaleur extérieures, comme le Soleil, pour augmenter sa température corporelle.

Savane Prairie plane à la végétation faible. C'est un habitat de régions chaudes comme l'Afrique.

Svelte Long et fin.

Tactiques de défense Divers comportements d'une espèce pour échapper à un prédateur.

Tempéré Se rapporte au climat d'une région lorsqu'il est ni trop chaud, ni trop froid.

Terrestre Qui vit sur la terre.

Territoire Zone habitée par un animal où se concentrent ses aliments et son nid. Les animaux défendent généralement férocement leur territoire contre les intrus.

Tortue Reptile doté d'une carapace osseuse ou cuirassée qui protège sa tête, ses pattes et sa queue. Elles sont terrestres, d'eau douce ou de mer.

Toxine Substance chimique nocive.

Trachée La voie respiratoire tubulaire qui véhicule l'air de la gorge vers les poumons.

Tropiques Les régions entourant l'Équateur, dont le climat est chaud toute l'année.

Tuatara Le nom donné par les Maoris à ce reptile unique de Nouvelle-Zélande, à l'apparence de lézard. À part deux espèces survivantes, ce groupe des rhynchocéphaliens est aujourd'hui éteint.

Venin Liquide toxique que certaines espèces, comme les serpents, injectent lorsqu'elles mordent leur proie. Il sert à paralyser, à tuer ou à se défendre contre les prédateurs. Il existe des sérums antivenins pour traiter les personnes mordues.

Vertébré Animal pourvu d'un squelette Interne, dont une colonne vertébrale.

Vertèbre L'un des os de la colonne vertébrale d'un animal.

Vision binoculaire Capacité à synchroniser la mise au point des deux yeux. Cela permet à l'animal d'évaluer la distance d'un objet.

Index

Crédits

(hg : en haut à gauche, hd : en haut à droite, hc : en haut au centre, cg : au centre et à gauche, cd : au centre et à droite, c : au centre, bg : en bas à gauche, bc : en bas au centre, bd : en bas à droite)

ILLUSTRATIONS
Couverture The Art Agency / Mick Posen
Quatrième de couverture The Art Agency / Gary Hanna hd, Terry Pastor c ; Barry Croucher bg ; **Dos** The Art Agency / Gary Hanna

The Art Agency (Barry Croucher) 8–9, 10–11, 14–15, 42–43, 44–45, 46–47, 50–51 ; **(Gary Hanna)** 6–7, 13 hd, 18–19, 26–27, 32–33, 38–39, 52–53, 54–55 ; **(Terry Pastor)** 20–21, 22–23, 28–29, 40–41, 56–57 ; **(Mick Posen)** 12–13, 24–25, 30–31, 34–35, 36–37, 48–49, 58–59 ; **(Peter Scott)** 16bg, 60bcd ; **Christer Eriksson** 16–17 ; **Dr David Kirshner** 60bcg, c, bcd, 61hc, bc

CARTES
Andrew Davies / Creative Commmunication

PHOTOGRAPHIES
AUS= Auscape International ; CBT= Corbis ; GI= Getty Images ;
MP= Minden Pictures ; NHPA= Natural History Photographic Agency ;
TPL= photolibrary.com ; VU= Visuals Unlimited ;
WWI= Woodfall/Photoshot

13hc GI **16**cg WWI **18**hd NHPA **22**bg1 CBT bg2 NHPA bg3 TPL bg4 GI **26**hd CBT **28**bd NHPA **32**cd GI **38**cd MP **39**cd TPL **40**bg NHPA ; **44**bd1, br2 GI **46**bg TPL ; **48**h VU bd NHPA **51**hg TPL **55**cd CBT **56**bg TPL **58**bg1 AUS bg2, bg3 CBT bc NHPA

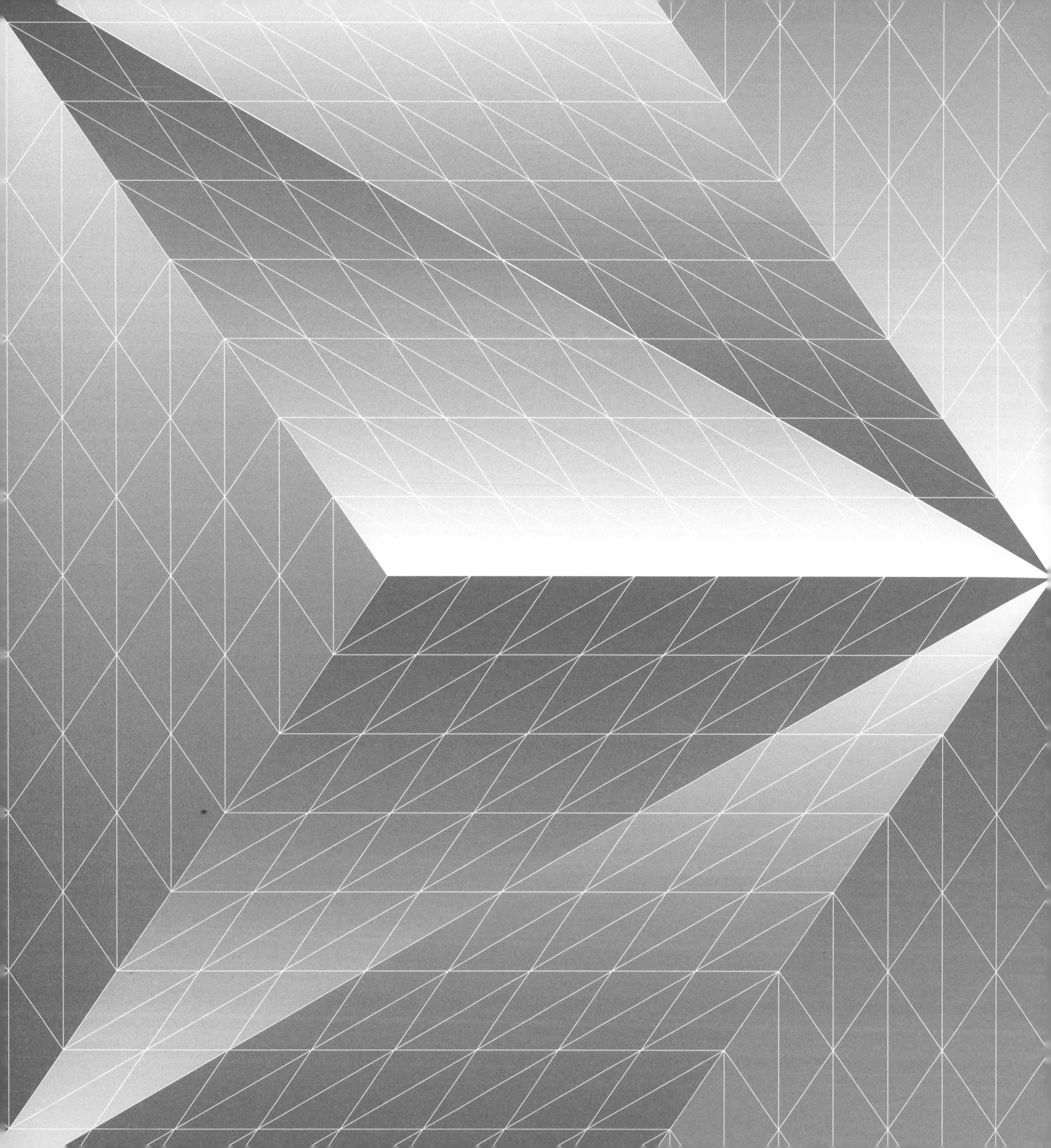